Neca Setubal

## *Minha escolha pela ação social*
### Sobre legados, territórios e democracia

*Prefácio*
Sueli Carneiro

SÃO PAULO
TINTA-DA-CHINA BRASIL
MMXXIV

*Prefácio*, de Sueli Carneiro, 7

Apresentação, 11
1. Memórias, afetos e legados, 21
2. Educação: acolher e ensinar, 41
3. Novas culturas, novos territórios , 69
4. O social como prioridade, 85
5. O caminho da política, 117
6. Interregno , 143
7. Territórios e desigualdades, 149
Finalizando, 173

*Agradecimentos*, 177
*Crédito das imagens*, 179
*Sobre a autora*, 181

## *Prefácio*

Impensável que perto dos setenta anos uma nova e improvável amiga adentraria a minha vida trazendo notícias de um outro mundo, completamente fora do meu horizonte de vida. Brancos de elite são seres fantasmagóricos para nós, negros, quase tão invisíveis para nós quanto costumamos ser para eles. Não são pessoas, muito menos amigos; são categorias, conceitos, noções: hegemonia, opressão, expropriação, violência, tudo ao que estão associados em relação à nossa história. Como resgatar nossa humanidade comum com esse histórico?

Na verdade, quando recusamos rótulos homogeneizantes abrimos a possibilidade dos encontros improváveis acontecerem, e esse tem sido o exercício e aprendizado que Neca Setubal e eu temos nos permitido; votos que renovamos a cada novo encontro, repletos de surpresas, coincidências de vida que a experiência da geração à qual pertencemos nos propiciou.

Vivendo em latitudes diferentes, conhecemos as agruras da ditadura militar e nos envolvemos nas lutas pela redemocratização do país. Criamos quase simultaneamente instrumentos de democratização e emancipação: Cenpec (1987) e Geledés (1988), respectivamente nos campos da educação e da aquisição de direitos. Curiosamente, minha filha iria estudar na pré-escola Dominó, que nunca suspeitei ter sido criada por Neca, até a leitura desta biografia. Em 1977, perdemos igualmente um dos genitores, eu, meu pai e ela, a mãe! Chegamos quase ao mesmo tempo na Universidade de São Paulo, ela em 1970, eu em 1972.

Outras semelhanças entre nós: o lugar da escrita em nossas vidas, sem nenhuma pretensão literária, e sim como um meio, um instrumento de expressão e embate, e a dedicação e a crença no coletivo, para ela, escolha, para mim, destino e sentido. Uma parceria e amizade que nascem dessas características únicas que compartilhamos: o apreço pela liberdade, pela diferença, e a crença no coletivo como motor de transformações, que orienta as ações que realizamos nas causas que abraçamos. Nos últimos cinquenta anos, cada qual a seu modo, temos nos dedicado a enfrentar as mazelas que assolam a sociedade brasileira e projetar um país justo e igualitário.

Em 2017, quando enfim nos conhecemos, ao me convidar para compor o quadro de conselheiros da Fundação Tide Setubal, criada em homenagem à sua mãe, Neca me deu a conhecer que a temática racial estava se impondo nos territórios periféricos que são base da atuação social da Fundação, e que esta não iria se furtar a se comprometer com todos os desafios e consequências que isso lhe trazia, sobretudo de enfrentamento do racismo e das desigualdades por ele produzidas. E que para isso a coerência política, ética e ideológica da Fundação exigia rever a sua própria trajetória, a composição racial de suas estruturas de governança e as equipes que deveriam espelhar esse novo compromisso no plano da ação programática e da representatividade. Música para os ouvidos de quem sempre acreditou ser essencial o engajamento de segmentos da elite brasileira na construção de um outro projeto de país, ancorado numa verdadeira democracia racial.

Nesse sentido, ao longo desta biografia, Neca Setubal nos lembra e reafirma que não é a aplicação de uma teoria que deve estar no centro de cada iniciativa, mas a solução de um problema; ganham destaque o seu empenho em conhecer profundamente o seu país e o seu compromisso com uma mudança emancipatória. Portanto, este livro surge como um chamado à ação política coletiva, como uma exigência de responsabilização de todos, especialmente daqueles com poder de mando e decisão. Um relato que, ao partir da memória individual, se entrelaça com a memória coletiva de seu tempo e revela, como síntese, o espírito de uma época, seus desafios e os possíveis futuros que ela projeta, tendo sempre como pano de fundo a defesa intransigente da democracia, único antídoto de que dispomos para refrear ímpetos autoritários, conservadores e racistas que nos assolam.

Em cada etapa dessa trajetória, Neca Setubal, "um coração entregue a paixões que nunca tiveram fim", nos desafia a nos arriscar em encontros improváveis e a abraçar a complexidade de nossa humanidade compartilhada. Mundos comuns se erguem, tramas de ancestralidades e legados se entrelaçam, numa dança de verdade, num convite à leitura.

*Sueli Carneiro*
*Maio de 2024*

# *Apresentação*

*Por tanto amor*
*Por tanta emoção*
*A vida me fez assim*
*Doce ou atroz*
*Manso ou feroz*
*Eu, caçador de mim*

*Preso a canções*
*Entregue a paixões*
*Que nunca tiveram fim*
*Vou me encontrar*
*Longe do meu lugar*
*Eu, caçador de mim*

*Nada a temer*
*Senão o correr da luta*
*Nada a fazer*
*Senão esquecer o medo*
*Abrir o peito à força*
*Numa procura*
*Fugir às armadilhas*
*Da mata escura*

*Longe se vai*
*Sonhando demais*
*Mas onde se chega assim?*
*Vou descobrir o que me faz sentir*
*Eu, caçador de mim*

> Luiz Carlos Sá e Sérgio Magrão, "Caçador de mim"

Ao longo da minha vida, a escrita sempre foi algo muito presente. Como meio de me expressar, em pequenos diários; como forma de produzir, sistematizar e disseminar conhecimentos e experiências; e como instrumento de fala pública, ao qual recorri, e recorro, para defender causas e me posicionar sobre os temas em que atuei, como educação, justiça social e meio ambiente, entre outros. Com a celebração dos meus setenta anos, tive vontade de tecer um elo entre os legados que recebi e aqueles que fui construindo com base nos encontros — e, às vezes, confrontos — com pessoas, ideias, livros, projetos, políticas e lugares.

Acredito no processo da escrita como meio de reflexão e compreensão não só do mundo, mas principalmente de nós mesmos. Ela exige a coragem de nos expormos diante dos outros e, ao mesmo tempo, de afirmarmos nossas crenças e nossos caminhos.

É comum me perguntarem por que trabalho e me dedico às causas que dizem respeito ao coletivo. Afinal, dizem sempre em seguida, *você não precisa fazer isso, poderia estar em casa, tranquila, ou viajando, fazendo compras...*

Talvez um dos principais objetivos deste livro seja responder a essa pergunta. Eu me sinto muito privilegiada, mas não por causa do dinheiro ou da posição social, nem principalmente por isso, como muitos imaginam. É claro que esses fatores também me constituem. Foi o fato de pertencer a uma família empresária do setor financeiro, com situação privilegiada, que me permitiu algo muito valioso: a liberdade e a possibilidade de escolher minha trajetória. Tive, de fato, privilégios em minha história familiar, e vários; mas, acima de tudo, o especial foi ter tido um pai e uma mãe com legados que fizeram a diferença na minha vida — e depois na de milhares de pessoas.

Quando comecei a pensar nos elos da minha biografia, percebi que também foi um privilégio viver uma pluralidade de experiências, me relacionar com pessoas muito diversas e conhecer as diferentes regiões do país — o *Brasil profundo*, como muitas vezes se diz, por estar fora dos circuitos turísticos, nos interiores. Nesse percurso, aprendi, fiz amigos, aprofundei reflexões e conhecimentos. E entendi melhor meu país e meu papel no contexto das enormes desigualdades sociais que o caracterizam.

Ao longo dessa abertura para experiências diversas, fui me tornando um ser humano melhor, senti despertar o desejo contínuo de aprender coisas novas e de atuar não só no meu entorno, mas de forma mais coletiva, na esfera pública. No dia a dia, é essa pulsão que me alimenta, que me energiza e dá sentido à minha atuação, ainda hoje.

O caminho não foi fácil nem linear. A vida faz muitas curvas, é cheia de nós e obstáculos, desafios que se juntam a alegrias, celebrações e realizações. Não foram poucas as ocasiões em que precisei de coragem para romper padrões, rótulos e imagens criados pelo senso comum em relação às pessoas de uma elite econômica. Outras vezes, tinha a sensação de estar vagando no espaço, entre as pessoas e os grupos do meu entorno, sem sentir que pertencia de verdade a nenhum lugar.

Qual seria o meu lugar na sociedade? Para mim, essa reflexão sempre passou pelo estudo da história e da política, e também pela visão social dos diferentes grupos e classes no Brasil — um país plural, heterogêneo, desigual e diverso. Vejo a brasilidade como algo plural, que se constrói em regiões de fronteira entre culturas, grupos sociais, histórias e formas de memória. E não é de hoje que me vejo nesse lugar de construir pontes entre diferentes.

Em 2019, realizei uma série de entrevistas, que está publicada no canal Enfrente, da Fundação Tide Setubal, denominada "Encontros e Fronteiras", justamente para dialogar com personalidades que têm histórias de vida muito diversas da minha: o padre Ticão, de São Miguel Paulista, a ex-deputada estadual evangélica Patrícia Bezerra, a empreendedora Adriana Barbosa, fundadora do Instituto Feira Preta e ceo do Preta Hub, e a filósofa e ativista Sueli Carneiro, fundadora do Geledés — Instituto da Mulher Negra. Em tempos polarizados como os que vivemos hoje, esses diálogos são cada vez mais fundamentais para restabelecer o sentido do mundo comum.

É preciso ver e ouvir o outro, não deixar que a invisibilidade domine nosso olhar e estar atento para a riqueza e a potência das diversas formas de ser e de estar no mundo. A diversidade é sempre muito mais rica do que a bolha que nos é próxima e que nos protege como uma redoma de cristal. Ao circular por mundos diversos, muitas vezes me senti na corda bamba. Descobri então que havia inúmeras redes de proteção à minha volta, e que caberia a mim criar redes de relações mais amplas a partir dos meus jeitos de ser, estar e pensar.

Apropriar-me dessa história é uma forma de tomar meu lugar no mundo. É uma teia cujos fios se entrelaçam, às vezes de forma inesperada, outras vezes, planejada, mas sempre de minha inteira responsabilidade. Ao narrar o meu trajeto, entendo que a memória individual é um ponto de vista sobre a memória coletiva, já que aquilo que uma pessoa guarda como lembrança depende do relacionamento que teve e tem com a família, a classe social, a escola, a Igreja, a profissão — ou seja, com as instituições formadoras do sujeito.

Não é fácil achar o nosso lugar. Acredito que a vida desloca nosso olhar, nossas energias e paixões, em direção a caminhos muitas vezes nunca cogitados ou imaginados, e que essas escolhas ganham novos significados o tempo todo. No meu caso, eu quis, ao mesmo tempo, ser igual à minha família e diferente dela. Igual para honrar os legados que recebi; diferente para deixar de lado uma visão predominantemente masculina e empresarial e tentar construir um olhar social para o mundo, contribuindo para o engajamento familiar no desenvolvimento do país. Assim, tracei caminhos que, além de se articularem à minha história pessoal e afetiva, inserem-se no contexto social e político do Brasil.

O filósofo, antropólogo e sociólogo francês Edgar Morin, que acompanho há décadas, me fez ver pela primeira vez que temos múltiplos eus, e que esses eus compõem um grande todo. Ele explica que esses eus todos são constituídos por nossos ancestrais familiares e pertencimentos sociais, que são muito diversos. A partir dessa ideia, fui buscar autores que estudam e analisam o indivíduo e as identidades múltiplas que ele assume na sociedade contemporânea. Essas leituras me trouxeram insights, atuaram como guias para que eu me aprofundasse nesse autoconhecimento e me ajudaram a assumir a flexibilidade como valor importante na minha vida.

Por um lado, essa compreensão me impulsionou a fazer escolhas que exigiram enfrentar contradições e tensões, trabalhadas com diferentes terapeutas ao longo da vida, nas diversas encruzilhadas que deparei. Por outro, também me possibilitou acessar lugares, espaços e pessoas diferentes, aprender a me fazer ouvir e fertilizar iniciativas e ações de impacto social. A abertura para o outro, para o novo e para a experiência me ajudou a romper com certezas e a deixar que as infiltrações entrassem pelas rachaduras de velhos dogmatismos.

Ou, como disse Mia Couto, ao descrever a chegada de uma criança à sua família e ao mundo, no romance *Mulheres de cinzas*, "em nossa casa, [...] portas e janelas permanecem escancaradas até ao primeiro banho do recém-nascido. Essa desabrida exposição é, afinal, uma proteção: a nova criatura fica impregnada de luzes, ruídos e sombras. E é assim desde o nascer do Tempo: apenas a Vida nos defende do viver".

ENTRE as múltiplas identificações da minha vida, a que norteou primordialmente meu percurso foi esta: ser mulher. E isso em meio a seis irmãos homens que, posso dizer com alegria, sempre respeitaram minhas decisões e opiniões; até hoje nos reunimos sistematicamente para um jantar mensal. Embora a figura do meu pai seja muito forte para mim, foi a referência da minha mãe que norteou a ressignificação da minha trajetória, com meu segundo casamento e mudanças na rota profissional.

Ser mulher é uma construção que se faz e se atualiza ao longo da vida, ao sabor de experiências e reflexões, encontros e desencontros. O passado sempre pode ser ressignificado, e essa possibilidade nos abre novas janelas para compreender nosso lugar no mundo. Muitas vezes trilhei caminhos guiada pela intuição; mas as causas e os princípios também sempre me nortearam. As reflexões que faço hoje decorrem do constante vaivém da minha mente, num desenho criado a partir da frente e do verso dos fazeres da vida — que, como eu já disse, nunca é linear.

Minha história é marcada por vínculos afetivos significativos — e se alicerça neles. Foram esses vínculos que, entrelaçados com os compromissos sociais e políticos, me sustentaram em decisões, caminhos e sobretudo mudanças de rumo. Nesse percurso, tiveram papel decisivo tanto a família — especialmente os filhos, companheiros de jornada — como os amigos. Mas não só eles. O engajamento das comunidades com as quais trabalhei e trabalho, assim como a energia que vem do estímulo de grupos e de pessoas, foram como um fogo — afinal, sou ariana — que se manteve aceso, iluminando nossos caminhos.

Ser mulher em um mundo dominado por homens exige assumir comportamentos duros para fazer valer nossa palavra, nossas ideias, nossos projetos. Assim, é comum agirmos adotando uma espécie de blindagem emocional. Demorei alguns anos para deixar que a amorosidade também fizesse parte do meu jeito de ser e para poder estar inteira numa relação, sem medo e sem me esconder entre as várias camadas que me constituem. Com isso, pude me abrir para as pessoas e me conectar de forma mais verdadeira com elas; e também construir uma liderança sem me preocupar em reproduzir o modelo masculino.

Pela delicadeza e pela potência que ele encerra, recorro muitas vezes ao artigo "Tempo feminino", de Sueli Carneiro, uma das vozes brasileiras mais fundamentais na luta antirracista e no feminismo negro. Tenho a honra de compartilhar com ela conselhos, conversas e risadas, numa relação que se transformou em grande amizade. Como não consigo selecionar um trecho breve, peço licença para reproduzir um excerto maior:

> Fomos educadas para cuidar dos outros, de nossos companheiros, de nossos filhos, de nossos pais. Durante muitos séculos a obrigatoriedade desses cuidados foi fator de opressão. Mas de dentro dessa opressão desenvolvemos um forte sentimento de compaixão, que nos permite hoje cuidar do mundo, reeducá-lo sem dor e sem opressão.
>
> Fomos privatizadas por longos tempos, confinadas ao espaço feminino, da cozinha, do lar, dos haréns. Aí aprendemos a compartilhar dores, medos e inseguranças desconhecidos pelos homens; e isso nos ensinou outro tipo de solidariedade e de sociabilidade que devemos aportar a um Tempo Feminino. Compartilhar é um verbo que as mulheres conjugam em maior escala que os homens, e de um jeito mais doce. Às vezes fazendo doces para adoçar os homens e os filhos.
>
> Aprendemos a administrar a escassez e como Cristo temos multiplicado o pão em nossas mesas. […] Fomos escravizadas, discriminadas e inferiorizadas racialmente. […] Essa experiência brutal nos obrigou a conhecer profundamente o outro, o branco. Nos ensinou em primeiro lugar o apreço pela liberdade e também que a diversidade humana é o maior patrimônio da humanidade. Nos fez descobrir que ninguém é racista por natureza. Aprende a sê-lo.

A liderança feminina, como pontua Sueli, pode transformar as opressões históricas e atuais em forças potentes, que respondam de forma mais acurada aos desafios contemporâneos.

## *Legados*

Começo este livro falando dos legados que recebi, dos valores e princípios que aprendi com meus pais, da minha formação escolar e acadêmica, de tudo o que influiu na minha visão de mundo. E sigo contando dos campos por onde passaram meus aprendizados e das pessoas que foram importantes nesse trajeto. A chegada do primeiro filho, em 1977, com o chamado para o que seria o começo da minha atuação de mais de trinta anos em educação. À frente da direção da pré-escola Dominó, tive minhas primeiras experiências de ouvir, compreender, conhecer, cuidar — e também de criar, implementar, executar e sistematizar. Atuar como professora alfabetizadora na vertente construtivista me fez refletir sobre a alfabetização na escola pública e desembocou, em 1987, na criação do Centro de Estudos e Pesquisas em Educação, Cultura e Ação Comunitária (Cenpec), fundado para democratizar o acesso de todas as crianças e jovens a uma educação contemporânea.

A partir daí, comecei a viajar pelo país conhecendo escolas, crianças, jovens, professores e diretores, algo que contribuiu para minha formação como mulher, educadora, empreendedora social e pesquisadora, e que me ajudou a compreender a importância das políticas públicas e o lugar da sociedade civil na luta por um país menos desigual. Meu campo de interlocução se expandiu: vieram as parcerias com governos e agências internacionais, o que culminou num período de atuação como representante do Fundo das Nações Unidas para a Infância, o Unicef, na América Latina, na Colômbia, época em que eu já havia me separado do Ruy, pai dos meus três filhos.

Após um novo casamento e uma experiência com o turismo rural no interior de São Paulo, resgatei a cultura como eixo de trabalho por meio de um projeto que me conectou não só a valores, histórias e manifestações da cultura caipira paulista, mas principalmente com as pessoas ali envolvidas; ao mesmo tempo, a proximidade da natureza me abria os olhos para as questões ambientais. Essas experiências seriam depois fundamentais para eu entender as periferias urbanas, para onde meu caminho profissional me levaria, e também para minha participação na vida política brasileira, ao lado de Marina Silva.

No começo dos anos 2000, fui pesquisar a história de minha mãe, que tinha falecido de câncer em 1977, aos 52 anos, quando meu pai era prefeito de São Paulo. Foi só nesse momento que tive a dimensão do pioneirismo do trabalho que ela desenvolvera como primeira-dama, criando o Corpo Municipal de Voluntários (CMV). Em São Miguel Paulista, distrito na zona Leste de São Paulo onde ela focara sua atuação, encontrei um hospital, uma escola e um clube com seu nome: Tide Setubal. Ao retomar a história da minha mãe, em 2006 criei com meus irmãos uma fundação familiar em homenagem a ela, inicialmente voltada ao desenvolvimento local de São Miguel.

Foi um pouco depois que conheci Marina Silva através de amigos comuns, quando ela tinha deixado o Ministério do Meio Ambiente, em 2008, e se lançado candidata à Presidência da República. Minha jornada e minha conexão com Marina, o trabalho em suas campanhas e a criação da Rede Sustentabilidade foram experiências muito intensas, determinantes na minha forma de ver o mundo e de atuar no espaço público. Assim, o conhecimento ampliado pela vivência política se refletiria no desenho dos novos rumos da Fundação Tide Setubal, que passou a mirar o enfrentamento das desigualdades nas periferias urbanas brasileiras em geral, com recorte nos âmbitos de raça e gênero.

Concluo este livro pensando sobre os caminhos da sociedade civil, à luz também de minha experiência na presidência do Grupo de Institutos, Fundações e Empresas (Gife) entre 2017 e 2021, da pandemia, da campanha eleitoral para presidente em 2022 e das articulações com o novo governo de Lula.

Todas as minhas iniciativas fizeram parte de instituições, projetos e programas de que participei ao longo dos anos. Nesses tempos conheci inúmeras pessoas que me ensinaram e abriram caminhos. Várias delas eu pude citar nos capítulos deste livro, mas compartilho minha história com todas as pessoas com quem convivi, pois de alguma forma imprimiram sua marca na nessa trajetória.

VIVEMOS num país onde há muito a ser feito e transformado, em todos os setores da sociedade. A tarefa é árdua, e cada um de nós tem a responsabilidade de entender seu compromisso como cidadão e agir — não apenas na esfera familiar, mas também no espaço público, onde é possível ser visto e reconhecido —, além de ouvir, aprender e debater diferentes perspectivas. Para Hannah Arendt, uma das filósofas mais importantes do século XX e uma das principais influências na minha formação intelectual, a construção de um mundo comum começa na transposição de experiências individuais, no debate, na implementação de políticas, nos aprendizados, em diálogos que possam servir de referência e inspiração para o entorno.

Acredito no potencial de pessoas e comunidades, assim como na possibilidade de mudança e transformação. Não podemos ficar enrijecidos pelo tempo nem presos a uma fôrma. Por isso, não há como aceitar rótulos homogeneizantes. O que pode fazer a diferença é a potência da singularidade de cada um de nós, articulando-nos ao coletivo, construindo laços de confiança, rompendo padrões que não se adequam mais à sociedade contemporânea. Escrever sobre minha trajetória no campo público foi a forma que encontrei para contribuir com a responsabilização de cada um na busca do entendimento de como colaborar e como fazer a diferença no mundo.

Dedico este livro a todas as pessoas que querem fazer a diferença na esfera do coletivo e da vida pública, colaborando para vivermos em um país melhor e mais justo.

# 1. Memórias, afetos e legados

> Carregamos conosco a memória de muitas tramas, o corpo molhado de nossa história, de nossa cultura; a memória, às vezes difusa, às vezes nítida, clara.
>
> Paulo Freire, *Pedagogia da esperança*

Muito se fala hoje do poder das narrativas, da possibilidade de contar e ouvir histórias singulares, inspiradoras, capazes de refletir o tempo presente e, ao mesmo tempo, abrir a possibilidade de olharmos para trás, para nossa herança, nossas raízes. Cada história pessoal se cruza com inúmeras outras, num enorme coletivo, pois agimos sempre em diálogo com o outro, em meio à pluralidade de relações humanas que constituem o mundo comum. Um mundo que, como lembra Hannah Arendt, nos antecedeu e sucederá a nós.

É nessa trama de histórias e memórias que inicio minha narrativa, trazendo as marcas dos legados que constituíram minha singularidade ao longo da vida. Em muitos momentos, voltei a eles para ressignificar o passado com base em cada instante presente. Percebi, assim, que compreender a ancestralidade é alargar o presente. É entender que os aprendizados e as vivências das pessoas que vieram antes de nós fazem parte de nossa história e convivem conosco. Presente, passado e futuro se sobrepõem e se mesclam, tecendo o agora.

Para a psicóloga brasileira Ecléa Bosi, é possível tranquilizar as águas revoltas do presente alargando suas margens. Arendt falou do pescador de pérolas, que busca no mar profundo um tesouro deixado para nós pelo mundo do passado. Ao olhar para o passado podemos encontrar algumas dessas pérolas, resgatar o que faz sentido ainda hoje, para compor com elas um fio entre o que foi e o que é. Não se trata de mudar o passado nem de recuperar algo que se foi, mas de se vincular com as outras gerações.

*Minha mãe, intensa e generosa, e meu pai,
pragmático e objetivo: duas influências centrais*

Assim, olho para o que recebi para entender, no presente, o que compôs minha história. Fatos objetivos e visões subjetivas se misturam, criando relações e revertendo a ordem cronológica. Encontros com familiares, amigos e colegas se mesclam a uma memória coletiva que ultrapassa a existência individual e tem um sentido social que identifica uma época.

Aprendemos e fazemos escolhas, primordialmente, com o coração. Com certeza são muitos os fatores que se entrelaçam para constituir a história de cada um — nossa singularidade.

### *Meu pai, um homem diante de seu tempo*

Tudo pode mudar, mas o vínculo com a família é irreversível, diz Ecléa Bosi. Talvez por isso seja difícil falar de nossos pais. São tantas as lembranças, que, de chofre, vêm dúvidas, incertezas e hesitações. Por onde começar? Qual deve ser o tom deste relato? A partir de qual lugar falar?

Olavo Egydio Setubal, meu pai, se destacou como empresário e homem público. Minhas lembranças de infância são de um pai severo, exigente e que trabalhava muito. Quando era pequena, eu não entendia por que havia tantos homens nas ruas de dia, se meu pai só chegava em casa tarde da noite.

Embora estivesse presente em todas as tomadas de decisão em família, ele gostava de dizer que minha mãe era a principal responsável pela educação dos sete filhos. Falava que só conseguia conversar conosco — e, depois, com os netos — quando passávamos dos dezoito anos. Não foi um pai afetuoso, embora tenha me dado o apelido de Boneca, de onde veio Neca, que carrego até hoje.

Senti falta desse colo de pai, mas ao longo dos anos fui aprendendo a entender aquela forma de amor que se escondia por trás de sua expressão severa. Ao mesmo tempo, ele foi se tornando mais flexível e mais próximo das pessoas depois da experiência na política, nos anos 1970 e 1980, e especialmente nos últimos anos de vida, quando se emocionava facilmente ao lembrar de alguns fatos que tinha vivido.

Nos muitos artigos e biografias publicados sobre meu pai, ele é descrito como empresário, banqueiro, engenheiro, político e um dos maiores empreendedores brasileiros do século xx. Doutor Olavo, como era conhecido, construiu um grande conglomerado industrial — que incluía a Duratex, produtora de painéis de madeira, e a Elekeiroz, indústria química — e financeiro, a Itaúsa. Em 1965, assumiu o Banco Federal de Crédito, que ocupava a 150ª posição no ranking das maiores instituições bancárias brasileiras. Nos dez anos seguintes, conduziria a instituição em sucessivas fusões com outros bancos. Em 1975, rebatizado com o nome de um deles — o Itaú —, o banco já era o segundo maior do país.

Meu pai tinha muito orgulho de ser engenheiro formado pela Poli — a Escola Politécnica da Universidade de São Paulo —, e o banco Itaú é conhecido até hoje por empregar um grande contingente de engenheiros. Costumo brincar que meu pai dividia as pessoas entre engenheiros e não engenheiros. E a usp também era uma referência importante para ele, que a considerava a melhor universidade brasileira e a apoiou inúmeras vezes ao longo da vida.

Embora meu pai seja lembrado sobretudo nesses papéis, para mim suas dimensões mais marcantes foram a de homem público e de amante das artes: além de tornar-se um grande colecionador privado, ele foi responsável pela constituição do importante acervo de arte brasileira do banco Itaú. Também fundou o Itaú Cultural, em 1987, com a missão de gerar conhecimento e reflexão sobre as artes brasileiras e ampliar o acesso à cultura. Não sei precisar de onde vinha sua ligação com as artes; talvez por influência de minha mãe. De todo modo, é interessante notar que a construção de um acervo valioso de arte e iconografia para o Itaú e a criação pioneira do Itaú Cultural refletem de forma muito concreta o espírito público de meu pai.

Temos a tendência de rotular as pessoas, colocá-las em caixas, na ilusão de que assim podemos entendê-las melhor. Mas a vida vai nos mostrando que somos muito mais complexos. É de meu pai a frase: "Um banco não se faz com capital. É construído por homens e ideias. Esses dois elementos são seu maior lastro". Vinda de um banqueiro, ela surpreende, assim como suas falas ao ocupar a prefeitura da maior cidade do Brasil, entre 1975 e 1979. Quando deixou a prefeitura de São Paulo, ele declarou: "A Cidade identifica já agora seu habitante-amante. Não mais o habitante passageiro, que fustiga a Cidade, a degenera, a corrompe e despreza naquilo que São Paulo tem de mais seu — a capacidade de receber e assimilar o elemento humano. Não mais o habitante postiço, flutuante, indiferente. Antes, o cidadão comprometido com os rumos da Cidade, disposto a compartilhar da responsabilidade pela proteção e defesa da terra em que vive. O futuro da Cidade — e principalmente sua alma — depende desse habitante consciente".

Entre as inúmeras manchetes publicadas após sua morte, em 2008, gosto particularmente de algumas: "A marca Olavo" (*IstoÉ Dinheiro*); "Setubal modernizou a ideia de banco no país" (*Gazeta Mercantil*); "Poli e política foram duas grandes paixões" (*Folha de S.Paulo*); "O conservador iluminado" (*CartaCapital*); "O gigante chamado Olavo Setubal" (*IstoÉ*); "Hoje morreu um homem que nunca morre" (Nizan Guanaes).

Única filha mulher, inserida em um mundo masculino, procurei traçar minha trajetória fora do setor empresarial. Mas meu pai teve bastante influência na construção da minha identidade, em especial nos primeiros anos da vida profissional. As conversas na mesa do jantar de nossa casa, durante minha infância e juventude, me marcaram muito. Sempre sérias e profundas, giravam em torno de economia, história e política. Crescemos ouvindo histórias do Egito, das batalhas de Napoleão, da formação dos Estados Unidos.

Os rumos da política e da economia do Brasil também eram assunto recorrente. Meu pai acreditava no nosso potencial de tornar-se um país desenvolvido, e sonhava com isso. Pragmático, objetivo, inteligente e coerente, passou para os filhos valores e princípios que levamos para a vida toda: a ética, o poder do trabalho e do conhecimento, a consistência, a coragem de tomar posições, a crença e o compromisso com o desenvolvimento do Brasil.

Meu pai se autodefinia como um liberal, no sentido filosófico original do termo. De forma genérica, podemos dizer que ele era liberal na economia e nos valores, mas respeitava diferenças ideológicas, acreditava nos ideais democráticos e tinha consciência da importância do papel do Estado. Foi o que demonstrou, por exemplo, ao defender a reserva de mercado para a tecnologia brasileira, que a seu ver ajudaria no desenvolvimento do país. Chegou a publicar um livro sobre o tema, em 1985: *A questão da reserva de mercado* (Brasiliense).

Sua coerência com os princípios democráticos seria fundamental para mim. Mesmo nos momentos em que nos vimos em campos opostos na política, sempre me senti respeitada e admirada por ele. Logo no início de sua gestão como prefeito, fiz, a seu pedido, um jantar na minha casa convidando Oliveiros Ferreira, então editor-chefe do jornal *O Estado de S. Paulo* e meu professor no mestrado em ciências sociais da USP. Lembro de uma frase que Oliveiros lhe disse naquela noite: "O senhor está sentado em cima de um barril de pólvora!". Ele se referia às profundas desigualdades em São Paulo.

Quando entrei na catedral da Sé para participar da missa de sétimo dia de Vladimir Herzog, jornalista assassinado pelo regime militar em 1975, meu pai foi imediatamente avisado por seus seguranças. "Deixem ela", respondeu, apenas.

Quando ele morreu, seu assessor político José Eduardo Faria escreveu: "Conversamos diariamente nos últimos trinta anos, o que me permitiu estar ao seu lado no inacreditável almoço que ofereceu a [o ativista pela reforma agrária] João Pedro Stédile e [o frade dominicano adepto da Teologia da Libertação e militante por causas sociais] Frei Betto. Horas depois, perguntando-me o que achara do encontro entre o capitalista e o revolucionário, eu o lembrei do banqueiro anarquista, do conto de Fernando Pessoa. Ele riu e me disse que a vida seria muito chata se tivesse de gastá-la apenas na companhia de quem pensava como ele".

Depois que saiu da política, meu pai continuou promovendo almoços com personalidades diversas. Fazia questão de chamar executivos do Itaú para participar; dizia que eles precisavam abrir sua visão de mundo. E muitas vezes me convidava. Lembro de almoçar com Marta Suplicy, Paul Singer e Luiza Erundina, quadros do Partido dos Trabalhadores, por exemplo. Nessas conversas, meu pai invariavelmente provocava seus interlocutores — de forma polida, mas assertiva — a falar de temas polêmicos relacionados à cidade ou à economia do país. Obviamente, as discussões eram sempre respeitosas. Eu ficava no papel de ouvinte atenta, era um privilégio participar desses encontros.

Fernando Henrique Cardoso lembra de outra cena curiosa, quando ele e meu pai discutiam os rumos da política econômica do país no Centro Brasileiro de Análise e Planejamento (Cebrap), que FHC presidiu de 1980 a 1983: "Com o vozeirão característico e com a penetração lógica habitual [...] pôs-se a discutir em pé de igualdade com os absortos economistas e sociólogos da casa, que mal podiam crer que tão importante personalidade se desse ao trabalho de visitar-nos e falar, franca e amistosamente, o que pensava, em uma demonstração clara de que a firmeza de convicções se deve impor por força própria, e não apenas pelo prestígio de quem as emite".

Meu pai era um homem alto e de voz forte, o que lhe rendeu o apelido de Prefeito Trovão. Mas por trás da camada durona havia alguém que se abriu para conhecer a realidade social de São Paulo. Logo no começo de sua gestão, ele foi convidado pelo então governador, Paulo Egydio Martins, para acompanhá-lo até a zona Leste do município, onde seria lançada uma grande campanha de vacinação contra a meningite — que grassava na capital, na época da pior epidemia da doença no Brasil. Nas duas horas que passou na região periférica, ele viu uma São Paulo que desconhecia. Depois do evento, disse ao governador: "Levei um choque. Nasci nessa cidade, vivo nessa cidade, amo essa cidade, mas nunca pensei que [...] existisse isso [a pobreza] que estou vendo agora. Você me fez ver essa cidade de uma maneira que me deixou profundamente emocionado".

Deixaria legados importantes na passagem pela prefeitura, nos eixos que elegeu como os principais de sua gestão: transporte coletivo, saneamento básico, habitação popular e melhoramentos sociais. Realizou em 1977 o primeiro Censo Escolar da cidade em 43 anos, que serviu para reconduzir à escola mais de 200 mil crianças que não estavam matriculadas na rede municipal. Também fez mudanças administrativas importantes. Devem-se à sua visão urbanística iniciativas inovadoras como os calçadões do Centro, a criação de parques, a implantação de ônibus elétricos.

Ele tinha orgulho das áreas verdes que a prefeitura adquiriu para preservar e garantir espaços de lazer. Lembro da inauguração do parque do Carmo, na zona Leste, que hoje tem seu nome. E dava para notar a satisfação que ele sentia ao falar da nova praça da Sé, concluída em sua gestão; para ele, a reforma produzira algo moderno, com espaço amplo para atividades públicas, rodeado pelas esculturas que ele encomendara a artistas brasileiros contemporâneos. Acho que posso dizer que ele foi um prefeito que priorizou o espaço público.

Em 2023, na exposição que comemorou seu centenário de nascimento, no Itaú Cultural, algumas fotografias revelavam sua face inquieta e curiosa, e também sua alma de engenheiro; nelas, ele aparece envolvido na discussão de obras, projetos e plantas. Não era homem de escritório nem de inaugurações. Precisava ir até os lugares, conhecer. Acho que trago comigo esse olhar para onde as coisas acontecem, pois até hoje gosto de conhecer de perto os projetos e programas de que participo, como os da Fundação Tide Setubal.

Mas minhas lembranças mais vívidas da época em que meu pai foi prefeito têm a ver com a Secretaria de Cultura, que foi criada em 1975 e era chefiada por Sábato Magaldi, crítico teatral reconhecido e admirado no meio artístico paulistano. Eu era frequentadora assídua de teatro e vivíamos um momento em que as peças políticas tinham muito sucesso. A prefeitura apoiava diversos teatros, como o Ruth Escobar. Aproveitei bastante o camarote reservado ao prefeito no Theatro Municipal, adorava ir lá com os amigos.

Mais tarde, meu pai deixaria a Arena — Aliança Renovadora Nacional, o partido político conservador que ajudou a sustentar o regime militar — para participar ativamente do processo de redemocratização do país. Em 1985, apoiou a candidatura de Tancredo Neves, primeiro civil a chegar à Presidência em vinte anos. Com a morte de Tancredo, José Sarney assumiu e meu pai tornou-se ministro das Relações Exteriores. Buscando uma diplomacia de resultados, priorizou os laços com a América do Sul e acordos voltados a abrir mercados. Antes de deixar a pasta para tentar concorrer ao governo de São Paulo, teve tempo de posicionar-se contra o bloqueio comercial a Cuba e o regime de apartheid da África do Sul, e também de tornar-se o primeiro chanceler brasileiro a visitar a União Soviética.

Nos últimos anos de vida, os lugares onde meu pai mais gostava de estar eram Paris e Águas da Prata, o que não deixa de ser um reflexo de suas diferentes facetas. Em Paris, gostava de percorrer as ruas, admirando a arquitetura, revisitando a história. Vários monumentos lhe lembravam as guerras de Napoleão, que ele não se cansava de relatar. Mas seu principal prazer era comer em restaurantes com estrelas Michelin. Em paralelo a essa sofisticação parisiense, adorava passar dias na Prata, como chamamos até hoje a casa centenária da família de minha mãe no interior de São Paulo, onde passamos todas as nossas férias da infância.

Desses tempos, lembro de meu pai chegando para se juntar a nós, sempre no sábado à tarde. Aproveitava as manhãs para ficar na fábrica da Duratex, em Jundiaí, no caminho da Prata. Guardei algumas cenas nas minhas memórias de criança: ele deitado numa rede na varanda da casa, tirando um cochilo depois do almoço, ou conversando por horas com o amigo Wolgran Ferreira, advogado, prefeito de Águas da Prata por duas vezes e pai de Paulo Teixeira, futuro deputado e ministro do Desenvolvimento Agrário e Agricultura Familiar no governo Lula 3.

Após alguns anos da morte de minha mãe, em 1977, meu pai casou-se com Daisy Prado, companheira com quem festejou bodas de prata. Quando deixou a casa onde morou com minha mãe, em São Paulo, ele levou boa parte dos móveis, objetos e, principalmente, obras de arte para a casa da Prata, que passou a ser o local onde ficavam expostas as peças que comprou ao longo da vida. Para ele, a Prata era um "verdadeiro museu", como ele gostava de falar. Adorava mostrar os quadros e as esculturas a todos os que visitavam a casa, contando as histórias de cada peça.

Em seus últimos anos de vida, ele comprou muitas obras de arte, mas sem colecionar um gênero, motivo ou artista específico. Comprava o que gostava, de objetos do Egito Antigo a esculturas de Dalí, Mestre Didi e Maria Martins. Um dia, me chamou e pediu que a casa fosse transformada na sede de um instituto, e que as obras fossem catalogadas e preservadas, o que acabou acontecendo. Para todos nós, seus filhos e netos, a Prata segue sendo um lugar muito especial. Uma memória da nossa história como família, com uma energia forte e luminosa.

Era muito bom estar com ele, tanto em Paris como em Águas da Prata, lugares onde ele ficava mais descontraído e passeava, ouvia música, disposto a jogar conversa fora, sem tantas preocupações.

Meu pai faleceu aos 85 anos, lúcido até o fim, mas cansado das inúmeras deficiências físicas que já acumulava. Ele se surpreendia bastante com as pessoas que iam visitá-lo, porque já não se considerava alguém útil — por não estar mais na ativa, acompanhando tudo o que acontecia no Brasil e no mundo. Ficava surpreso que as pessoas gostassem dele, que quisessem apenas estar por perto e lhe oferecer afeto.

Sua ausência deixou um enorme vazio, ficamos sem a figura do patriarca daqueles tempos, que nos inspirava e que representava uma fortaleza para a família. A missa de sétimo dia foi na catedral da Sé, uma justa homenagem. Escrevi um testemunho que li na missa. Eis um trecho: "Paulo, Olavo, Roberto, José Luiz, Alfredo, Ricardo e eu, Maria Alice, tivemos o privilégio de ter Olavo Setubal como pai. Homem público, trabalhador incansável, muitas vezes não foi fácil dividi-lo com outras pessoas, tarefas, compromissos, viagens. Contudo, apesar de uma agenda lotada, sempre pudemos contar com seu apoio incondicional, estendendo-nos sua mão firme, tanto nos momentos difíceis como nas grandes alegrias e conquistas que alcançamos. […] Meu pai foi protagonista de uma grande obra, por todos reconhecida, mas sua dimensão humana ultrapassou-a, deixando para nós e para o país um grande exemplo de caráter, ética e coragem. A frase 'Olavo Setubal é maior que sua obra', dita por um amigo e companheiro de trabalho, reflete os valores que alicerçaram toda sua vida. […] Uma frase publicada nos jornais da semana passada te rende uma homenagem e ilustra essa ideia: 'Ontem morreu um desses homens que não morrem'".

A lembrança de meu pai me acompanha sempre. Nos muitos momentos em que me vejo atuando no "modelo doutor Olavo", ou seja, de forma mais dura, racional e assertiva, ou mesmo quando busco justamente o revés disso, ele é sempre uma referência. Com certeza, cada um de meus irmãos descreveria um pai diferente, e essa é a beleza e a complexidade do ser humano. Meu olhar vê um pai forte e presente, que marcou minha trajetória inteira, muitas vezes sem que eu mesma percebesse.

No final da vida, ele se emocionava facilmente com as pessoas, dava para notar o orgulho que sentia de sua família e de sua história. A meu pedido, me fez um relato de minha mãe usando a seguinte imagem: "Ela foi um raio de luz na minha vida. Teve uma grande influência na minha visão humanística e na minha visão artística".

## *Minha mãe: intensidade e generosidade*

> Porque não importa a duração da jornada
> o que importa é que meus pés não parem de caminhar,
> que as minhas mãos ajudem a construir,
> e que meu coração transborde de amor para dar.
> O que importa quando a caminhada chegar ao fim,
> Senhor,
> é que eu tenha deixado algo atrás de mim
> e que as minhas mãos não estejam mais vazias.
> Aí, sim, a minha jornada
> não terá sido em vão.
>
> Tide Setubal, *A escolha do caminho*

> Na singularidade de sua própria maneira de ser, Tide foi sempre a mesma. Jamais tomou por empréstimo nenhum modelo pessoal, político ou social. Era autenticamente afirmativa. Na pesquisa de sua verdade, respeitando a verdade de seu próximo, mas a ela não se submetendo, traçou um roteiro marcado pela inteligência, pela altivez, pelo altruísmo. A sua verdade era luz e passava pelo amor. Luz iluminada só pelo amor.
>
> José Bonifácio Coutinho Nogueira, secretário de Educação do estado de São Paulo, na inauguração da EEPG Tide Setubal, na Vila Jacuí, em 1978

Em minhas constantes voltas ao passado, minha mãe sempre surge de forma bem viva, iluminando meu percurso. Tenho buscado, como o mergulhador que desce ao fundo do mar, trazer à luz do presente as pérolas criadas pela minha história de vida, que são frutos dos legados que recebi e da forma como me apropriei deles. Cada momento da vida me traz novas imagens da minha mãe, que se mesclam a outras. É uma sensação sempre muito intensa, e ainda hoje me emociono quando leio depoimentos de pessoas que a conheceram. É como se não tivessem se passado mais de quarenta anos que ela se foi, em outubro de 1977.

O trabalho social da minha mãe estava acima de quaisquer divergências ideológicas, como ficou claro pela presença, em seu velório, de dom Paulo Evaristo Arns, então arcebispo de São Paulo e muito crítico do governo militar, do qual meu pai, na época prefeito de São Paulo, fazia parte. Também compareceram centenas de integrantes do Corpo Municipal de Voluntários (CMV), a entidade que ela criou e à qual dedicou boa parte de sua energia nos últimos anos de vida.

Os depoimentos sobre minha mãe sempre enfatizam sua alegria, a intensidade com que vivia e a energia que colocava em tudo o que fazia: a arrumação das flores na sala todas as sextas-feiras, os jantares animados, as conversas intermináveis sobre filmes e livros, a defesa calorosa de seus pontos de vista, o carinho com os filhos e a dedicação ao CMV. Também impressionava o fato de tratar todo mundo da mesma forma. Todos mereciam igual gentileza. Hilda Setubal, sua nora, a descreve assim: "Tudo nela era intenso: olhares, sorrisos, as cores das roupas, a defesa das ideias, a fartura da mesa, a mania de presentear, a incansável busca de felicidade, coerência e celebração da vida... Tia Tide viveu sem medo de ser triste, feliz, privilegiada. Viveu sem medo da mediocridade, do mesquinho, do vulgar. Havia dentro dela a luz dos justos, dos generosos, dos dignos. Havia dentro dela o merecimento da dádiva do viver. [...] Ela fazia com que nos sentíssemos importantes, interessantes, queridos, tamanho era o calor e a receptividade na sua atitude com os outros. Atitude de quem adora gente". Em 1973, pouco antes de meu casamento com Ruy, pai de meus filhos, minha mãe escreveu, para mim, um caderno que chamou de *Conversas* ("conselhos" seria muito pretensioso, disse). Nele, filosofa sobre a vida, o casamento, os aprendizados que queria compartilhar comigo. Guardo esse tesouro e, em especial, a mensagem que acredito ter incorporado desde sempre, mesmo que sem perceber inicialmente: "O importante é o Amor pelas pessoas, a capacidade de doar, olhar o outro. Que essa seja sua atitude na vida: 'dar de si' quer dizer compreensão, aceitação. 'Dar de si' é a chave para compreender a vida e o mundo, é dar sentido à vida. Que sua vida seja uma vida de amor: amar/ajudar/dar. Isso é tornar a vida grande, maravilhosa, uma obra-prima". Ao longo da vida, fui incorporando essa intensidade da minha mãe, o amor dela pelas pessoas, assim como outros interesses que manifestava, em especial pelas artes e humanidades. Adorava música, pintura, teatro, cinema, literatura, psicologia. Era uma mulher muito bonita e gostava de se vestir com roupas da moda. Por conta do carisma e do entusiasmo, era frequente tornar-se o centro das atenções; tinha sempre algo para contar, discutir, opinar, dividir. Falava com tanta vivacidade das histórias que lia que podíamos reproduzi-las como se tivéssemos lido ou assistido. Costumávamos ir juntas ao teatro, e muitas vezes fomos ver as gravações do programa *O Fino da Bossa*, de Elis Regina e Jair Rodrigues, na TV Record, e aos célebres festivais musicais da emissora. Ela torcia freneticamente por suas músicas favoritas.

Tinha um dia a dia bastante ativo, e ainda conseguia tempo para fazer cursos ligados às artes ou à psicologia. Adorava aplicar testes psicológicos nos filhos, daqueles que vinham em revistas, superficiais, mas mesmo assim ela se divertia. Durante o período de aulas, ela passava todas as manhãs dando apoio na lição de casa — mais aos meus irmãos, eu sempre fui boa aluna. Nas férias era quando tínhamos os momentos mais gostosos com ela, pois passávamos dias inteiros juntos na Prata ou no Guarujá. Ela era incansável e tinha programas diferentes para o dia e para a noite. Procurou sempre acompanhar a vida de cada filho e também a de meu pai, com quem realizou diversas viagens, registrando em diários a programação de cada uma delas.

Minha mãe foi diagnosticada com câncer e teve de passar por várias cirurgias, primeiro no intestino, depois na mama. Em janeiro de 1974, ela e meu pai foram me visitar em Stanford, onde eu vivia desde o casamento com Ruy, enquanto ele concluía um curso de MBA. Fomos almoçar só nós duas e — me emociono até hoje ao lembrar — ela me confidenciou o quanto sofrera com a cirurgia da mama. Não tínhamos tido aquele tipo de conversa até aquele momento, e a intimidade com que expressou uma dor tão feminina nos uniu ainda mais. Ficamos muito próximas nos três anos e meio de vida que lhe restaram. Em janeiro de 1977, o câncer voltou. Uma nova cirurgia e tratamentos de radioterapia e quimioterapia não foram suficientes para deter a doença, que se espalhara. Ela faleceu em outubro, aos 52 anos. Meu primeiro filho, Guilherme, tinha quinze dias.

## *Intuições pioneiras*

Mais de 25 anos depois, em 2003, resolvi mergulhar em seus diários, cartas e documentos para fazer um livro sobre ela. Empreendi essa volta ao passado sem grandes pretensões; queria produzir um presente para a família, destinado sobretudo à geração de meus filhos, que não tiveram a chance de conhecê-la. Imersa em cada linha daquele material, recuperei imagens, ideias, momentos que me marcaram e que estavam esquecidos, escondidos sob as várias camadas do meu mundo. Tive de novo a sensação do abraço apertado de minha mãe, de seu sorriso, de seu jeito especial.

Mas o efeito do mergulho iria muito além. Nesse processo, o que eu imaginava como um resgate importante para meus filhos converteu-se em uma viagem pessoal transformadora, que acabaria por abrir caminhos profissionais e dar novo rumo à minha vida. Tudo começou quando, em meio às lembranças, fiz uma descoberta inesperada: por trás dos esforços que minha mãe empreendeu em benefício das populações pobres da cidade em seu curto período como primeira-dama, havia uma visão extremamente avançada para a época acerca do que é trabalho social, algo bastante próximo do que pensamos hoje.

Foi por vontade própria que ela se envolveu nessa área. Quando meu pai foi nomeado prefeito de São Paulo, em 1975, Tide sentiu uma espécie de chamado para trabalhar pelas populações da periferia. Como ela mesma contou em uma palestra à época, entendeu que não tinha o direito de se omitir, de ficar neutra, indiferente aos problemas humanos.

Atuando pela primeira vez na esfera pública, ela criou o Corpo Municipal de Voluntários, composto inicialmente de cinco amigas, mas que com o tempo angariou centenas de voluntárias, a maioria vinda de bairros pobres e regiões periféricas. Minha mãe apoiava ações sociais do governo estadual e implantou seu primeiro projeto em São Miguel Paulista, na zona Leste, onde a prefeitura investia em avenidas importantes, como a Aricanduva. Articuladas às políticas das secretarias de Educação, Saúde e Assistência Social, as voluntárias promoviam conversas com lideranças locais, conseguiam apoio material para a população vulnerável, encaminhavam doentes, ofereciam orientação de saúde, encontros, oficinas, cursos e palestras.

Ao fazer a pesquisa para o livro, tive uma enorme surpresa ao ler sobre o CMV. Percebi que minha mãe intuía, ali, algo que hoje é um conceito-chave: a importância da participação da comunidade como força motriz do enraizamento de qualquer projeto social. É essa visão que ela expressa ao iniciar sua ação no bairro, em uma palestra no Grupo Escolar Dom Pedro I, de São Miguel, em 1975:

> O trabalho é muito grande. Seria preciso que nós todos, cada um com aquilo que tem para dar, uníssemos os nossos esforços para construir uma sociedade melhor. Um trabalho integrado num único esforço, num único ideal, numa única meta, que é o Homem. Um trabalho sem preconceitos sociais, políticos, raciais e econômicos ou religiosos. Promover o Homem em seu próprio meio. O Homem que possa fazer florescer o seu potencial, o Homem que tenha oportunidades, o Homem que trabalhe, o Homem que desempenhe um papel dentro do mundo em que vive. O Homem ajustado à sua comunidade. Não um Homem-animal. Não um Homem robô, mas sim um Homem-Pessoa.
>
> É preciso despertar no indivíduo a consciência de que ele, como cidadão, é responsável pela comunidade.
>
> Vejo no trabalho integrado de todas as instituições e de todos os recursos de São Miguel a possibilidade de criar as condições para um despertar de toda a população. E, assim, se tornará também viável o encaminhamento de casos-problema, que seriam orientados e canalizados para as entidades componentes.
>
> Deixo aqui um convite para tornar viva esta integração, movimentando a comunidade e acelerando o nosso trabalho.
>
> Deixo aqui uma ideia.
>
> Deixo aqui uma semente.

O trabalho em São Miguel foi interrompido pelo agravamento da doença, em 1977. Naqueles dois anos finais, ela dera vazão a uma sensibilidade para a questão social que já se manifestava desde muito antes. Em 1959, ao acompanhar meu pai em uma viagem de trabalho à Suécia, ela se mostrara muito impressionada com a qualidade de vida dos operários suecos. "Para mim, foi uma lição!", escreveu, em uma carta. "Nem que seja à custa de um sacrifício nosso, estou convencida que precisamos melhorar o Brasil."

Foi para resgatar e homenagear a visão pioneira de desenvolvimento local de minha mãe que propus a meus irmãos a criação de uma fundação familiar filantrópica, que chamamos, é claro, de Fundação Tide Setubal. O início das atividades foi em 2005, na mesma São Miguel Paulista em que minha mãe atuara. Nosso objetivo inicial era recuperar e/ou apoiar três equipamentos públicos que levam seu nome: o hospital municipal, uma escola estadual e um clube da comunidade. No ano seguinte, em 2006, passamos a implementar iniciativas de desenvolvimento local, voltadas a contribuir para a melhoria da qualidade de vida da população.

### *Mulheres inspiradoras*

Como todo mundo, tive discussões e momentos de discordância com minha mãe. Mas o que me ficou dela foi esse legado maravilhoso, que só me inspira. Meu modelo era uma mulher que sempre buscou fazer a diferença, expor suas ideias sem medo, ao mesmo tempo que se arriscava, se apaixonava, era vaidosa, intensa, alegre, sensual. Na década de 1970, ouvi uma palestra do sociólogo alemão Herbert Marcuse em que ele descrevia o feminismo como a principal revolução do século XX. Para mim, foi um privilégio ter uma mãe que lutou todos os dias por seu espaço, sua voz, suas escolhas. Do jeito dela, claro. Nunca teve ocupação profissional, não foi uma feminista como se designaria na época, mas usava seu carisma e sua garra para se fazer ouvir. Estou sempre voltando às minhas lembranças e revendo minha relação com ela, e sempre me dou conta de novos aspectos. Na minha vida, ela é uma ausência presente.

O resgate de meu legado familiar se estende necessariamente às histórias femininas da linha materna. Minha avó Alice foi uma presença forte na nossa infância; quando meus pais viajavam, era ela quem vinha ficar conosco. Sempre firme e atenta a cada um dos netos, gostava de organizar a casa e foi uma voz influente na nossa educação. Aprendi com ela a cuidar das pessoas, a dedicar uma atenção constante a todos, como ela fazia com a gente e com meu avô, Aldo Mário. E, sobretudo, com minha mãe durante a doença.

Ali entendi o que era um cuidado verdadeiro. Minha avó foi incansável e esteve ao lado da filha o tempo todo: acomodava o travesseiro na cama, dava remédio, conversava, fazia de tudo para distraí-la e reduzir o desconforto ao máximo. Quando minha mãe morreu, eu tinha 26 anos e acabara de me tornar mãe. Sofri tanto que não me dei conta da dor de minha avó, que enterrou uma filha.

De minha bisavó Mathilde, avó de minha mãe, ficou o legado de uma mulher corajosa e determinada. Francesa, ela chegara no Brasil em 1889 e, muito jovem, casou-se com meu bisavô, Antonio de Lacerda Franco, senador por São Paulo (1924-30). Participou ativamente da filantropia paulistana e apoiou organizações francesas durante a Primeira Guerra Mundial (1914-18).

Todos os dias, a admiração por minha mãe e por essas gerações de mulheres da família é uma inspiração para mim. O maior legado da minha mãe foi ter sido um ser humano maravilhoso. Não tanto pelo que fez, mas por algo mais profundo: seu ser. Tide era ela mesma, simplesmente, e isso bastava para que iluminasse tudo e a todos ao redor.

### *A descoberta do lugar social*

> E o senhor tirava os óculos e punha-os em Miguilim, com todo o jeito.
> — Olha, agora!
> Miguilim olhou. Nem não podia acreditar! Tudo era uma claridade, tudo novo e lindo e diferente, as coisas, as árvores, as caras das pessoas. [...] E Miguilim olhou para todos, com tanta força. Saiu lá fora. Olhou os matos escuros de cima do morro, aqui a casa, a cerca [...]. O Mutum era bonito! Agora ele sabia. [...] Olhava mais era para Mãe.
>
> Guimarães Rosa, "Campo geral"

Fiz meus primeiros anos de formação no Colégio Madre Alix, escola de freiras católicas que só recebia meninas. Quando cheguei ao antigo ginásio, atual Fundamental II, fui para o Colégio Nossa Senhora do Morumbi, que também pertencia à Congregação de Nossa Senhora — Cônegas de Santo Agostinho, mas era uma escola experimental, de período integral. Fui da primeira turma. Tínhamos professores incríveis, fazíamos pesquisas e trabalhos coletivos, líamos Guimarães Rosa e outros autores modernos e inovadores. Foi uma época que definiu os rumos que eu tomaria.

As educadoras responsáveis pela programação cultural do colégio eram noviças lideradas pela madre Isabel Sofia, uma freira portuguesa progressista e ousada. Elas organizavam palestras, cursos e viagens nos quais os alunos participavam de trabalhos sociais. Um de nossos destinos foi Ubatuba, no litoral paulista, onde a congregação desenvolvia um trabalho social com crianças. Hoje, quando refaço meu caminho, vejo que foi nesse período que tomei consciência das diferenças sociais, por influência da visão progressista daquelas jovens freiras. A maioria delas se engajaria mais tarde na Teologia da Libertação.

Dessa época, tenho a lembrança difusa de um encontro com a madre Cristina, diretora do Sedes Sapientiae, faculdade de psicologia ligada à Pontifícia Universidade Católica de São Paulo (PUC-SP). Madre Cristina se notabilizou por acolher brasileiros e argentinos foragidos das ditaduras militares. Como minha mãe era sua amiga, pediu que aplicasse em mim uma bateria de testes psicológicos e vocacionais. Tenho uma imagem esmaecida da conversa sobre o resultado dos testes, mas me lembro nitidamente do tom assertivo de madre Cristina quando nos disse que eu tinha grande potencial para a liderança. De alguma forma, essa conversa também marcou minha trajetória.

Cursei os anos finais do ensino secundário, o atual Ensino Médio, no Colégio Des Oiseaux, que pertencia à mesma congregação do Nossa Senhora do Morumbi, mas era muito tradicional. Algumas amizades que perduram até hoje são um legado precioso daqueles anos de ensino básico. Essas amigas — era um colégio só de meninas — estiveram próximas ao longo do tempo, umas mais, outras menos. Sempre pude contar com elas para poder trocar em momentos de incertezas, tristezas, alegrias e de rememoração de casos vividos juntos na infância e na adolescência. Essas amizades fazem parte de minha rede de sustentação, que foi fundamental em muitos momentos de encruzilhada e de corda bamba.

A consciência dos lugares sociais, no entanto, já tinha se enraizado em mim. À época do vestibular, o jeito analítico, sistêmico e curioso de olhar o mundo que eu vinha constituindo desaguou na escolha do curso de ciências sociais na USP.

Cheguei à universidade no período mais duro da ditadura militar brasileira, em 1970, menos de dois anos após o AI-5, que suspendera as garantias constitucionais e fechara o Congresso Nacional. A repressão aos opositores do regime era feroz, e a propaganda ufanista e "antissubversão" dava o tom. Naquele clima de terror, a maioria das minhas colegas do Des Oiseaux haviam sido proibidas pelos pais de prestar vestibular para a USP; a universidade e em especial o curso das ciências sociais — que ainda funcionava na rua Maria Antônia, célebre pelos enfrentamentos dos alunos em outubro de 1968 com o Comando de Caça aos Comunistas — eram considerados "antros de comunistas". Mas meu pai nunca ligou para esses rótulos. Apesar de ser afiliado à Arena, gostava de discutir as ideias de autores de esquerda comigo. Na melhor tradição liberal e democrática, orgulhava-se de ter "uma filha intelectual".

O curso da Faculdade de Filosofia, Letras e Ciências Humanas reafirmou meu olhar para as desigualdades sociais. Ao conhecer autores clássicos da sociologia e, mais tarde, ir a campo em favelas e cortiços, comecei a entender melhor a dureza da realidade brasileira. Reunidos no recém-criado Cebrap, professores que haviam sido compulsoriamente aposentados da USP ou sofrido outros tipos de perseguição, como Fernando Henrique Cardoso, Francisco de Oliveira, Francisco Weffort, José Augusto Guilhon Albuquerque, Lúcio Kowarick e Paul Singer, ficaram marcados no meu imaginário. Mesmo sob intervenção, a USP era um ambiente fértil e estimulante, e se manteve como um polo de resistência ao autoritarismo. Emendei um mestrado em ciências políticas na USP, pesquisando as relações entre empresários e Estado. O pensamento do intelectual italiano Antonio Gramsci e minhas leituras sobre a formação do Estado brasileiro mudariam meu olhar sobre a sociedade e minha visão de mundo.

Comecei a entender o conceito de hegemonia e a importância das lideranças da sociedade civil e de suas relações com o Estado.

Fiz o mestrado nos anos 1970, sob orientação do professor Brás José de Araújo, bem no período em que meu pai era prefeito, o que gerou ambiguidades e paradoxos. Nos grupos de leitura de *O capital* de que participei, eu me forçava a assumir posições políticas mais radicais para compensar o fato de ter um pai na Arena. Mais tarde, eu integraria grupos ligados ao MDB, como passou a se chamar o Movimento Democrático Brasileiro, partido de oposição consentido pela sistema bipartidário criado pela ditadura nos anos 1970 e que na década seguinte lideraria a redemocratização do país, com políticos como Mário Covas e André Franco Montoro. Nesse primeiro embate, eu ainda não tinha ferramentas psíquicas para lidar de forma mais tranquila com uma situação que me acompanharia a vida toda: estar, ao mesmo tempo, em dois mundos muito distintos.

Essa ambiguidade traria dificuldades e conflitos, mas nada disso me impediu de enfrentá-la. Foi inclusive por causa dela, acho, que trilhei meu caminho sempre na fronteira entre mundos: ricos e pobres, brancos e negros, direita e esquerda, conservadores e progressistas, homens e mulheres, jovens e adultos. Fui acomodando essas polarizações nas nuances, em um jeito de ser baseado na escuta, no diálogo, na construção de pontes. Foi um aprendizado que consegui aos poucos, na relação com as pessoas que marcaram a minha vida, nas leituras, nas terapias, nos filmes, em conversas informais.

Anos depois, fiz um doutorado em educação na PUC-SP, sob orientação da professora Bernardete Gatti. A experiência da especialização trouxe consistência ao meu olhar de pesquisadora, além da possibilidade de navegar com maior profundidade por diferentes temáticas. Nessa fase, foi fundamental a leitura de Lev Vygotsky, autor russo que analisa as relações entre história individual e história social. Ao enfatizar a importância das interações sociais na apropriação do conhecimento, Vygotsky traz para o centro da análise o papel do meio, da escola e dos conteúdos escolares.

## 2. Educação: acolher e ensinar

> *O mundo é isso* — revelou. — *Um montão de gente, um mar de fogueirinhas.*
> Cada pessoa brilha com luz própria entre todas as outras. Não existem duas fogueiras iguais. Existem fogueiras grandes e fogueiras pequenas e fogueiras de todas as cores. Existe gente de fogo sereno, que nem percebe o vento, e gente de fogo louco, que enche o ar de chispas. Alguns fogos, fogos bobos, não alumiam, nem queimam; mas outros incendeiam a vida com tamanha vontade que é impossível olhar para eles sem pestanejar, e quem chegar perto pega fogo.
>
> Eduardo Galeano, "O mundo"

Em 1980, comecei a atuar na área da educação e a construir, de fato, minha trajetória profissional. A leitura e a escrita são parte da minha vida desde a infância; sou obcecada por livros de ficção e, mais ainda, por autores que tratam de temas relacionados a meus interesses profissionais. Foram inúmeros os que me ensinaram pedagogia e me inspiraram em minha busca por uma escola pública de qualidade para todas as crianças e todos os jovens. Mas dois deles, em especial, me acompanham desde aqueles anos: Paulo Freire e Hannah Arendt. O grande educador brasileiro foi uma espécie de guru para mim e para minha geração; ele me ensinou a técnica (e a importância fundamental) da escuta. Já Arendt me deu o telescópio — um instrumento para enxergar o que não vemos a olho nu.

Paulo Freire é referência para todos os educadores que conheceram sua luta e sua atuação, por exemplo, à frente da Secretaria Municipal de Educação de São Paulo entre 1989 e 1991, na gestão de Luiza Erundina. Ele havia enfrentado quinze anos de exílio.

Em 1963, em razão de suas experiências de ensino popular em Pernambuco, foi convidado pelo então presidente João Goulart a coordenar um plano nacional de alfabetização, logo interrompido pelo golpe militar em 1964. Quando assumiu a secretaria, São Paulo saía da gestão autoritária de Jânio Quadros, que chegou a queimar material didático produzido pelo governo anterior, de Mário Covas. O Brasil ainda tinha 19,2 milhões de analfabetos com mais de catorze anos, o equivalente a 20% da população nessa faixa etária. Na secretaria, Freire priorizou a educação de jovens e adultos e a democratização das decisões na rede pública de ensino, que sofrera um golpe à parte durante a ditadura, com escolas sucateadas e mudanças curriculares que visavam reproduzir e legitimar o regime militar, usando a educação como um instrumento político.

Pessoalmente, o que me fascinava em Paulo Freire era sua escrita dialógica, que andava entre a teoria e os casos reais que ele em aulas e nas andanças pelo país. Tudo em sua escrita reverbera a dura realidade brasileira e, ao mesmo tempo, manifesta a esperança em um futuro de possibilidades e de transformação. O que me encantou foi ouvi-lo enfatizar a importância da práxis, ou seja, de uma relação entre teoria e prática elaborada a partir do diálogo e do contexto. Para ele, a leitura do mundo precede a leitura das letras, e o diálogo e a escuta são condições existenciais. Freire sabia promover esse encontro como ninguém, confrontando realidades e pessoas e exaltando a alegria do conhecimento como elemento fundamental para abrir janelas para o mundo.

Com ele, entendi que a palavra tem como ponto de partida e de chegada a ampliação do conhecimento, e que a ação cultural é uma possibilidade de libertação e de transformação da realidade. É linda a forma como Freire situa o sonho como fundamento da transformação histórica, em um livro que, aliás, chama-se *Pedagogia da esperança*:

> Sonhar não é apenas um ato político necessário, mas também uma conotação da forma histórico-social de estar sendo de mulheres e homens. Faz parte da natureza humana que, dentro da história, se acha em permanente processo de tornar-se. [...] Não há mudança sem sonho, como não há sonho sem esperança.

Paulo Freire é libertador porque não mascara nossos sentimentos contraditórios em relação ao mundo. E é na constante troca com o outro que suas ideias ganham alcance ampliado: seus livros revelam diálogos com gente do povo, trabalhadores; destacam a riqueza metafórica da fala popular, a importância de levar em conta o senso comum. Suas ideias se formulam numa relação entre singularidades diversas — as pessoas, as práticas cotidianas, o contexto social e econômico. Para mim, foi uma revelação conhecer essa perspectiva que escuta e enxerga o Brasil. Uma revelação que encontrou um complemento em Hannah Arendt, uma das pensadoras mais influentes do século xx. Judia alemã, Arendt se exilou nos Estados Unidos durante a Segunda Guerra Mundial (1939-45) e lá escreveu sobre o nazismo e os regimes totalitários de Adolf Hitler e Josef Stálin. Sua obra se estende pelos campos da política, da história, da filosofia e do direito.

Tomei contato com a obra de Arendt durante o mestrado em política, no final dos anos 1970, e mais tarde minha atuação na educação pública brasileira seria marcada por seu olhar sociológico e político. Dela, me encanta a liberdade de pensar: a obra dessa filósofa não cabe em nenhuma caixa, o que lhe valeu muitas críticas. Também admiro seu pensamento, alicerçado na ideia do nascimento, do eterno começar, da capacidade que cada bebê tem de trazer algo novo ao mundo. Para Arendt, cada ser aporta algo de revolucionário ao que existia antes e ao que existirá após sua passagem por aqui. A esperança nesse novo que as gerações sucessivas trazem é a esperança do mundo. Formar nossas crianças para participar desse mundo demanda amor; *amor mundi*, como Arendt chama. O desprendimento com que ela situa esse amor ao mundo como algo fundamental para o ser humano me fascina. Sobretudo considerando o contexto dela: um mundo empobrecido e moralmente alquebrado, recém-saído de uma guerra que impusera aos judeus os horrores do Holocausto.

Das muitas imagens que Hannah Arendt evoca para entender o mundo contemporâneo, gosto sobretudo de sua fala sobre a descoberta do telescópio, que me parece uma metáfora bastante apropriada para algo que vivemos hoje. Antes da criação do telescópio, no século xvii, os homens só conheciam aquilo que podiam ver a olho nu, ou seja, o que era concreto, palpável. O instrumento nos trouxe a possibilidade de ver além do que está fisicamente próximo. E quando divisamos o universo, temos de incorporar uma nova complexidade à compreensão do mundo à nossa volta. Podemos transpor essa ideia para os tempos atuais: a ciência e a tecnologia nos trazem constantemente novas descobertas e, com elas, as incertezas de um futuro que ainda não conseguimos enxergar. Em qual sociedade viveremos daqui a vinte anos?

### *O chamado: a chegada dos filhos*

> A educação é o ponto em que decidimos se amamos o mundo o bastante para assumirmos a responsabilidade por ele e, com tal gesto, salvá-lo da ruína que seria inevitável não fosse a renovação e a vinda dos novos e dos jovens. A educação é, também, onde decidimos se amamos nossas crianças o bastante para não expulsá-las de nosso mundo e abandoná-las aos seus próprios recursos e tampouco arrancar de suas mãos a oportunidade de empreender alguma coisa nova e imprevista por nós, preparando-as em vez disso com antecedência para a tarefa de renovar um mundo comum.
>
> Hannah Arendt, *A crise na educação*

Quando me formei em ciências sociais na USP, em 1974, comecei a dar aulas de sociologia na Universidade Presbiteriana Mackenzie, em São Paulo. Depois de defender minha dissertação de mestrado, em 1979, porém, decidi dar uma guinada profissional. Em 1980, com a atenção voltada para o pequeno grande mundo infantil — eu já tinha dois filhos, Guilherme e Tide —, juntei-me a duas amigas pedagogas, Teresa Maria de Macedo Soares de Araújo e Maria Lucia Alcântara Machado, e fundamos uma pré-escola de orientação construtivista, a Dominó. Para mim, essa foi a experiência que me iniciou no campo da educação.

A escola vinha ao encontro de um novo contexto. No final dos anos 1970, e ao longo dos 1980, muitos exilados políticos da ditadura voltavam ao país, anistiados. A sociedade civil começava a se movimentar em várias frentes, as ideias circulavam mais livremente e o clima cultural era propício a novas abordagens. Atendendo ao desejo de uma classe média urbana que circulava pelos meios universitários e culturais — e que buscava uma formação mais crítica para os filhos —, várias escolas de educação infantil surgiam em São Paulo, como O Poço do Visconde (aberta em 1974) e a Escola da Vila (1980).

A pré-escola Dominó ficava no Jardim Previdência, no início da rodovia Raposo Tavares, na zona Oeste da cidade. Alugamos uma casa e fizemos uma grande reforma, delimitando uma ala para os bebês e outra para as crianças maiores, de até seis anos. Tínhamos alguns espaços diferentes, que as outras escolas não ofereciam, como a sala dos espelhos — nossa grande atração —, com uma parede espelhada e um sortimento de fantasias e instrumentos musicais, e um amplo espaço ao ar livre com brinquedos. A criança deveria aprender através do brincar, esse era nosso pressuposto. Daí o nome Dominó.

Nos meses que antecederam a abertura da escola, discutimos sua fundamentação teórica, inspirada e baseada nas ideias de nosso "guru" Paulo Freire, que àquela altura já podiam ser discutidas com mais abertura. Planejamos atividades para as primeiras turmas e o cardápio das refeições — a proposta era receber os bebês em período integral —, e saímos distribuindo folhetos pelas casas do bairro. Abrimos com pouquíssimos alunos, basicamente nossos filhos e os das professoras. No início do ano seguinte, já eram quinze; no final, trinta. Na base da propaganda boca a boca, a escola chegou a ter 150 alunos. Como a Dominó ficava perto da Cidade Universitária, muitos eram filhos de estudantes ou de professores da USP. Outros tinham pais ativistas: era o caso de Maíra, filha de Angela e Ailton Krenak, que se tornaria uma das lideranças indígenas mais importantes do país e membro da Academia Brasileira de Letras (ABL). Eu reencontraria os dois muitas vezes ao longo da vida.

Começamos atendendo crianças de até três anos e fomos abrindo turmas conforme os alunos cresciam. Quando chegamos ao antigo pré-primário, hoje primeiro ano do Ensino Fundamental, resolvi assumir uma classe como professora alfabetizadora. Meu filho mais velho, Guilherme, acabara de se alfabetizar, e eu havia acompanhado sua descoberta do mundo da escrita, que me pareceu um dos momentos mais ricos da aprendizagem.

Na época, a teoria da psicogênese da língua escrita, da educadora argentina Emilia Ferreiro, chegava ao Brasil e se difundia rapidamente. Antes, o que prevalecia nas escolas era o método fonético de alfabetização, que tomava o reconhecimento do som das letras, o velho beabá, como ponto de partida do aprendizado. Inovadora, a psicogênese enfatiza o papel ativo da criança na aprendizagem em geral — e no processo de entendimento e domínio do sistema alfabético em particular. Assim, essa abordagem passa a considerar, como base da alfabetização, as hipóteses das próprias crianças sobre o sistema de escrita. Mais do que apontar o que é certo e errado, quem alfabetiza precisa abrir espaço para que elas possam aplicar e testar essas hipóteses.

A teoria também tem um aspecto político relevante, ao sublinhar a função social da escrita e sua apropriação como fatores inseparáveis do processo de alfabetização. Dessa forma, chegava ao fim o longo império de cartilhas como a célebre *Caminho suave* (1948), de Branca Alves de Lima, e textos contemporâneos — como notícias de jornal e textos de gêneros diversos — chegavam à sala de aula.

Conheci e me apropriei da teoria de Emilia Ferreiro a partir de um curso com Telma Weisz, que foi sua discípula e é uma das maiores especialistas em alfabetização no Brasil, e também por meio da leitura de *A paixão de conhecer o mundo*, de Madalena Freire, filha de Paulo. A psicogênese foi a base do meu trabalho como professora alfabetizadora, e ao longo desse percurso contei com a supervisão de Cristina Pereira, a Cris Preta, uma das fundadoras da Escola da Vila, ao lado de Madalena. Relatei essa experiência de ensinar crianças a ler e escrever em meu primeiro livro, *Construindo a leitura e a escrita: Reflexões sobre uma prática alternativa em alfabetização*, publicado no fim dos anos 1980. Daí para a frente, tornou-se uma prática constante para mim, quase um hábito, fazer um exercício de sistematização — em geral, na forma de livro — ao fim de cada ciclo importante de aprendizado.

(Agora, tantos anos depois, ao buscar na estante o livro *Construindo a leitura e a escrita*, deparei com a dedicatória que escrevi aos "personagens" da obra, meus catorze alunos. Suas carinhas me vieram à mente, e fui tomada pela curiosidade de saber o que teria acontecido a cada um, já que só reencontrei uns três ou quatro deles até hoje.)

Nessa experiência de alfabetização, encontrei graus diversos de apropriação da escrita, mesmo entre esse grupo, de crianças de classe média. Começamos o ano escrevendo os nomes de cada um e, ao longo dos meses, fomos construindo palavras e histórias. Formei três grupos, de acordo com os níveis de aprendizado — no livro, comento minhas dúvidas sobre as estratégias que adotei e me pergunto se as crianças teriam avançado mais rapidamente de outra forma.

Lembro até hoje da sensação de ver a letra dos alunos surgindo, nos primeiros bilhetes que escreviam, aventurando-se no uso da língua para mostrar afeto. Como no recado de Caio para Diogo: DIOGO VOCE E MEU MELHOR AMIGO DOMINGO EU POSSO IR NA SUA CASA. Tudo em letra de forma e sem pontuação.

Na conclusão, analiso o que aprendi ao abrir uma escola e atuar como supervisora e alfabetizadora. Em retrospecto, é curioso notar como já se insinuava em mim a ideia de levar a alfabetização construtivista à rede pública de ensino. Na obra, listo uma série de empecilhos que eu via: o alto número de alunos por sala de aula, a dificuldade de capacitar professores, os salários baixos, a falta de material didático e infraestrutura adequados.

Já era, também, um começo de conversa com as políticas públicas que entravam em debate nos anos 1980, com o processo de redemocratização. A urgência de reestruturar a educação pública era evidente: o fracasso da escola pública na alfabetização, tema de enorme repercussão desde a década anterior, era cada vez mais atribuído a falhas do próprio sistema. Logo depois, eu mergulharia fundo nesse projeto, ao entrar no campo então nascente das organizações da sociedade civil.

Aprendi muito nessa época sobre educação infantil, a importância social da escola, como lidar com os pais e como fazer a gestão de uma instituição. Eu tinha 29 anos quando começamos a Dominó. Hoje vejo como fomos ousadas, as três sócias: estávamos educando crianças e, ao mesmo tempo, aprendendo a ser mães. E eu nem pedagoga era. Aprendi com elas, que tiveram a generosidade de compartilhar seus conhecimentos comigo. E também corri atrás de entender especialmente o psicólogo suíço Jean Piaget, pai do construtivismo, que explica as fases de desenvolvimento cognitivo da criança, além de Emilia Ferreiro e outros autores que despertaram meu interesse.

Hoje vejo com clareza que a escola foi uma forma de equilibrar meu intenso envolvimento com o papel de mãe e o desejo, não menos forte, de construir uma trajetória profissional. Um jeito de não deixar que a maternidade anulasse o interesse na carreira. Minha filha Tide e depois meu filho mais novo, Fernando, iam à escola comigo desde bebês; assim, eu passava mais tempo com eles. Eu contava com o apoio do Ruy, pai sempre presente, que gostava de dividir comigo as tarefas com as crianças e incentivava minha carreira. Como seria recorrente em minha história, os vínculos afetivos embasaram as escolhas profissionais que fiz e que ampliaram meu mundo; ao mesmo tempo, o trabalho potencializou a minha vida privada.

Vários aprendizados daquele tempo seriam úteis em outras situações, fora do âmbito da alfabetização. O primeiro, e talvez mais importante de todos, foi constatar que, embora seja um importante norteador da ação, a teoria sozinha não dá conta da realidade, que é diversa e complexa. Na Dominó, essa complexidade ficava evidente em sala de aula, sempre composta de alunos com graus diversos de amadurecimento emocional e em etapas diferentes de aprendizagem. Isso me ajudou a não cair na armadilha, tão comum, de tentar encaixar a realidade na teoria, ou de lidar com os preceitos de forma rígida demais. Foi essa experiência formadora que sempre me fez buscar um olhar atento e uma escuta ativa. Não é a aplicação de uma teoria que deve estar no centro de cada iniciativa, mas a solução de um problema.

A segunda lição foi jamais deixar de levar em conta aquilo que acontece na "ponta", ou seja, no lugar onde um trabalho acontece ou a que se dirige, seja qual for: escola, organização não governamental, território, fábrica, negócio, igreja. A fase de implementação de uma ideia é fundamental. É importante compreender o modo como isso se dá, as condições simbólicas e materiais preexistentes, a formação das pessoas envolvidas e os valores e crenças em jogo.

## *Abrindo o foco*

Saí da Dominó em 1985. Teresa e Maria Lucia continuaram tocando a escola com Beatriz Camargo, que trabalhava conosco; só fechariam as portas em 2015, depois de 35 anos de atividades. Depois dessa experiência, me senti desafiada a entrar no mundo do ensino e das políticas públicas. Reassumir o papel de socióloga, mas agora para trabalhar com educação.

Importantes mudanças estavam em curso no Brasil, decorrentes dos movimentos da sociedade pela redemocratização. A volta do sistema pluripartidário e as primeiras eleições diretas para governador, realizadas em 1982, abriam espaço para a discussão de pautas sociais e progressistas, entre elas a educação pública.

Esse debate se adensaria com a criação de duas associações de âmbito nacional relacionadas à educação: o Conselho Nacional de Secretários de Educação (Consed), que pela primeira vez articulava as Secretarias de Educação dos estados brasileiros em uma rede voltada à colaboração e à construção de políticas nacionais, e a União Nacional dos Dirigentes Municipais de Educação (Undime), que reunia secretários de Educação de todos os municípios do país, também voltada à troca de informação e ao fortalecimento de diretrizes nacionais. Foi um avanço significativo, pois até hoje ambas são forças importantes na educação pública brasileira.

Foi também nos anos 1980 que a infância chegou ao centro do debate no país. A ideia da criança como sujeito de direitos se afirmava diante da triste realidade de abandono, pobreza, abuso e criminalidade que se via nas ruas das grandes cidades brasileiras. Com a retomada da democracia, uma série de iniciativas e mobilizações permitiu a criação de organizações, indicadores e de uma legislação de proteção à infância e à juventude. Foi nesse contexto que surgiu o Movimento Nacional em Defesa dos Direitos da Criança e do Adolescente, uma grande articulação nacional que reuniu organizações da sociedade civil, como o Movimento Nacional dos Meninos e Meninas de Rua, a Pastoral do Menor, a Sociedade Brasileira de Pediatria, técnicos do governo federal, promotores e juízes.

Estava em debate a elaboração da Constituição, e todo esse movimento da sociedade civil conseguiu articular, em 1987, a criação de uma emenda popular para a Constituinte, chamada "Criança, Prioridade Nacional", entregue ao Congresso com 250 mil assinaturas de eleitores. Ela está na origem do artigo 227 da Constituição de 1988, que diz que "é dever da família, da sociedade e do Estado assegurar à criança, ao adolescente e ao jovem, com absoluta prioridade, o direito à vida, à saúde, à alimentação, à educação, ao lazer, à profissionalização, à cultura, à dignidade, ao respeito, à liberdade e à convivência familiar e comunitária, além de colocá-los a salvo de toda forma de negligência, discriminação, exploração, violência, crueldade e opressão". A mobilização também levaria em 1988 à formação do Fórum Nacional Permanente de Entidades Não Governamentais de Defesa dos Direitos da Criança e do Adolescente (Fórum DCA), que forneceu subsídios para o projeto do Estatuto da Criança e do Adolescente (ECA), encaminhado ao Congresso em 1989 e promulgado em 1990. Uma figura fundamental nessa articulação foi o educador Antônio Carlos Gomes da Costa, defensor incansável dos direitos da população infantojuvenil.

As conferências nacionais de educação realizadas entre 1980 e 1988, com a participação de profissionais da área e comunidades escolares, também teriam papel de relevo nas discussões sobre a estruturação e a democratização do ensino público. Na efervescência política do final dos anos 1980, surgiriam ainda diversas organizações da sociedade civil com foco em educação, como o Vereda — Centro de Estudos em Educação, criado por um grupo de educadores, como Vera Barreto, em torno da figura de Paulo Freire, e o Centro Ecumênico de Documentação e Informação (Cedi), voltado a projetos de educação popular. Mais tarde, o Cedi seria desmembrado, dando origem à organização Ação Educativa, sob a batuta de Sérgio Haddad, e ao Instituto Socioambiental (ISA), comandado pelo sociólogo Beto Ricardo, referência sobre povos indígenas do Brasil.

A Fundação Carlos Chagas, criada em 1964, também foi uma instituição valiosa no debate sobre a educação pública brasileira. Com sua vasta experiência de pesquisas na área da educação, a fundação ajudou o governo federal e os estados a avançar na avaliação das políticas públicas e dos resultados do ensino. Depois de avaliar o Programa de Expansão e Melhoria da Educação no Meio Rural (Edurural) para o Ministério da Educação (MEC) no fim dos anos 1980, a FCC foi convidada a examinar o rendimento dos alunos da rede pública. A proposta que elaborou daria origem ao Sistema de Avaliação da Educação Básica (Saeb), vigente até hoje.

Eram inúmeros os desafios do país, mas não há dúvida de que aquele foi um momento muito fértil para as organizações dedicadas à educação. Foi em meio a esse cenário que comecei a pensar em expandir para as escolas públicas minha experiência de alfabetização. De início, trabalhei brevemente em um núcleo da USP que recebia alunos da rede pública no contraturno escolar. Ao lado dos pesquisadores desse grupo, experimentei aplicar processos da alfabetização construtivista, porém as condições eram bastante restritivas: eles só iam ao núcleo uma vez por semana. Conversando com Rita de Cássia Monteiro, parceira nesse trabalho, e Beatriz Bessa, psicopedagoga que trabalhava na Escola Vera Cruz, onde era orientadora educacional do meu filho Guilherme, pensamos na possibilidade de elaborar um material de alfabetização baseado nas pesquisas de Emilia Ferreiro que tornasse possível esse trabalho nas escolas públicas.

Levamos a ideia a várias pessoas. Conversando com meu pai, ouvi dele que eu deveria transformá-la em algo de caráter institucional, em vez de uma experiência avulsa. Criada em 1986, a Lei Sarney — que seria eliminada por Fernando Collor de Mello em 1990 e retornaria como Lei Rouanet no ano seguinte — permitia abater do Imposto de Renda doações, patrocínios e investimentos em cultura. O material de alfabetização construtivista que estávamos desenhando envolvia textos literários, como parlendas, poesia e contos, e por isso era um produto cultural.

Foi para desenvolver esse projeto que criamos juntas, em 1987, o Centro de Estudos e Pesquisas em Educação, Cultura e Ação Comunitária, o Cenpec, uma organização não governamental. Começamos pequenas: só nós três, trabalhando em uma sala alugada de um escritório de arquitetura, numa travessa da avenida Rebouças, nos Jardins, onde nos reuníamos todos os dias. Nesse esquema, estruturamos e construímos o material didático, que chamamos de Programa de Leitura e Escrita (PLE). Fomos na contramão do que era, na época, certo dogma entre quem adotava a abordagem construtivista: os materiais de alfabetização para uso em sala de aula deveriam ser construídos pelos educadores para cada grupo, conforme a necessidade dos estudantes.

Nas escolas particulares da cidade, era comum produzir materiais internamente, usando xerox ou mimeógrafo. Mas nossa experiência nos dizia que, na realidade da escola pública, nenhum professor teria tempo ou recursos para fazer o mesmo.

O PLE foi concebido, portanto, para oferecer apoio aos professores alfabetizadores da rede pública. Consistia em materiais diferentes, uns voltados para os professores e outros para os alunos. Para concluir o desenvolvimento do PLE, a partir de 1988 fizemos parcerias com duas escolas estaduais, em regiões periféricas de Osasco e Carapicuíba, na Grande São Paulo. Quinzenalmente, levávamos nossas ideias a professores e alunos de primeira série, que as testavam. No ano seguinte ao teste com essas primeiras escolas, outras sete instituições da rede pública nos pediram para usar o PLE. Firmamos então um acordo com a editora Ática, que nos apoiou reproduzindo os materiais para distribuição gratuita nas escolas. Monitoramos a implantação até 1991, oferecendo formação aos professores que usavam o PLE. Ao longo desses três anos, o material foi usado por cerca de trinta classes de alfabetização de escolas estaduais e municipais de São Paulo, Osasco e Carapicuíba.

Foi nessa época que comecei a entender, na prática cotidiana, a realidade das escolas públicas no país. Nos anos 1970 e 1980, elas não eram objeto de políticas específicas. Com infraestrutura precária, muitas funcionavam sem condições mínimas. E faltavam escolas, desde creches até universidades públicas. Embora não existissem dados de aproveitamento escolar, sabia-se que apenas 18% dos alunos que entravam na primeira série concluíam o ginásio, atual Ensino Fundamental. A taxa de evasão e de repetência era da ordem de 60% e havia grande percentual de professores sem o secundário completo, os chamados "professores leigos". Ainda hoje estamos longe de ter uma educação pública de qualidade, e nossos dados deixam muito a desejar na comparação com outros países; mas não podemos nos esquecer que o buraco era mais fundo. Enquanto países então em desenvolvimento, como a Coreia do Sul, hoje exemplo de qualidade na educação, investiam para reverter suas deficiências nesse campo, o Brasil da ditadura militar tinha outras prioridades.

O Cenpec sempre teve como foco a escola pública, que víamos como um espaço para a inovação pedagógica, com uma importante função social nas comunidades. A escola é o espaço formal do desenvolvimento cidadão, o lugar de aprendizagem das novas gerações para o convívio em sociedade e para a inserção social. Por isso era fundamental fortalecer o ensino público. Até hoje me emociono quando me dou conta do quanto avançamos — ao ver, por exemplo, uma linda escola indígena funcionando nas Anavilhanas, no rio Negro, no Amazonas. Superamos diversos obstáculos, mas outros tantos, não. No entanto, sei que ainda há muito o que fazer pela qualidade da educação em regiões e territórios pobres e vulneráveis.

Na esteira do Programa de Leitura e Escrita, o Cenpec ampliou suas iniciativas, sobretudo a partir da interação com Claudia Davis, Yara Lúcia Esposito, Marta Grosbaum, Marlene Cortese e Sérgio Vasconcelos de Luna, pesquisadores da Fundação Carlos Chagas. Em parceria, fizemos uma série de estudos sobre as escolas públicas brasileiras, com apoio do Instituto Nacional de Estudos e Pesquisas Educacionais Anísio Teixeira (Inep). Vinculado ao MEC, o órgão financiava pesquisas em todo o Brasil através de editais; hoje produz estatísticas e indicadores sobre educação e avaliações em larga escala do ensino público, como a Prova Brasil, o Saeb e o Exame Nacional do Ensino Médio (Enem).

Devo a esses pesquisadores parceiros, que se integraram à reduzida equipe inicial do Cenpec, meu aprendizado sobre educação pública e meu aprofundamento em diversas teorias da educação que me seriam úteis ao longo dos anos. Além disso, eles nos ajudaram a construir pontes com organizações internacionais. Os trabalhos que fizemos juntos ampliaram nossa visibilidade no debate público e permitiram firmar duas parcerias que seriam fundamentais para nossa entrada no campo das políticas educacionais: com o Banco Mundial e com o Fundo das Nações Unidas para a Infância, o Unicef.

O processo de reorientar minha trajetória me levou a refletir sobre os pontos de inflexão, os saltos, as oportunidades e as pessoas que fizeram a diferença na minha vida e nas instituições que dirigi. Um mundo novo se abria para mim por meio das relações de minha amiga Claudia Davis, que me apresentou a Fundação Carlos Chagas e conectou o Cenpec com o Unicef e o Banco Mundial.

O Cenpec seria reconhecido também pela capacidade de construir pontes: entre academia e professores da rede pública, entre Secretarias de Educação e escola, entre escola e família, entre escola e comunidade — e, mais tarde, entre escolas e empresas. Além da pesquisa e da elaboração de materiais didáticos e paradidáticos, atuamos desde o início na formação de educadores e no apoio à gestão em diferentes níveis, da escola às Secretarias de Educação, em diversas regiões do Brasil. Com o tempo, juntaram-se à nossa equipe de acadêmicos alguns pesquisadores que vinham de experiências na gestão e na direção de escolas públicas, que nos ajudariam a construir pontes de forma cada vez mais orgânica. Sou grata a Marta Grosbaum por ter trazido várias pessoas com experiência nas escolas da secretaria municipal de educação. Com o crescimento da equipe, passamos a ocupar a casa inteira, não apenas a salinha do começo. Ao longo dos anos, fomos mudando de endereço, ocupando casas alugadas nos Jardins e em Pinheiros.

Como presidente do Cenpec, percebi que fazer um doutorado não só me permitiria acessar editais em nome da instituição, mas também me fortaleceria contra um preconceito subliminar, por parte de algumas pessoas e instituições, em relação à minha origem social. Vir de uma família empresária não era exatamente uma credencial de credibilidade e comprometimento. Muitas vezes precisei provar que minha atuação não era superficial, que conhecia a área, as escolas e as políticas públicas brasileiras. Centrei minha pesquisa nos dados da adoção do PLE em escolas públicas da Grande São Paulo. Queria entender, a partir dessa experiência, como os diferentes fatores interferem na aprendizagem: o nível socioeconômico, o professor, o material didático, o nível inicial dos alunos, a escola. Tive apoio das pesquisadoras Beatriz Penteado Lomônaco e Maria Alice Garcia, que acompanharam a implementação do programa. Defendi a tese em 1992, na PUC-SP, e tive a honra de contar com a professora Magda Soares na banca e a professora Bernardete Gatti como orientadora. Dois anos depois, a pesquisa foi publicada pela editora Ática. Chama-se *Conquistando o mundo da escrita*.

Entre outros fatores comuns, as escolas que obtiveram os melhores resultados com o PLE tinham direção, equipe técnica e corpo docente comprometidos, além de trocas constantes entre professores e coordenadores. Uma política nacional de educação deveria fortalecer a unidade escolar, dando-lhe autonomia e recursos para implementar propostas que garantissem a qualidade do ensino e reduzissem a repetência e a evasão. Em poucas palavras, acredito que a boa escola não é aquela que exige mais do que os alunos podem, mas aquela que se compromete a alfabetizar todos.

A CRIAÇÃO do Cenpec está umbilicalmente ligada à pauta da educação pública no Brasil. Sua permanência no tempo, como organização da sociedade civil, encontrou respaldo no ambiente de retomada democrática do Brasil dos anos 1980 e 1990 e também em iniciativas globais em favor da educação. A Conferência de Jomtien, na Tailândia, em 1990, é um exemplo, pois resultou num dos marcos internacionais para a educação, a Declaração Mundial sobre Educação para Todos. Os países se comprometiam a priorizar o acesso universal à educação e o combate ao analfabetismo, com a promoção da equidade e o fortalecimento da cooperação internacional. O documento alinhava diretrizes para avançar na pauta do direito fundamental à educação em um cenário global de crescimento populacional, pobreza e estagnação econômica, com índices aterradores de analfabetismo (960 milhões de pessoas) e de crianças sem acesso ao ensino básico (mais de 100 milhões, dos quais 60% eram meninas).

Não fui a Jomtien, mas lembro de participar de encontros em Brasília para discutir e pensar como aplicar à realidade brasileira os princípios acordados na conferência. Foi minha entrada na esfera pública em âmbito nacional.

As diretrizes dessa conferência se refletiriam em avanços na educação brasileira, sobretudo a partir do governo de Fernando Henrique Cardoso (1995-2002). Aprovada em 1996, a Lei de Diretrizes e Bases (LDB) ecoava, além disso, os debates e as experiências que aconteciam nos municípios e nos estados desde os anos 1980. Para muitos educadores, a lei marca o recomeço da história da educação pública brasileira.

A obrigação de definir um plano nacional para a educação fora atribuída ao Estado brasileiro pela Constituição de 1934, mas a primeira LDB só seria promulgada em 1961, por João Goulart. Dez anos depois, a ditadura desfigurou a lei, introduzindo uma tentativa fracassada de tornar o Ensino Médio profissionalizante e de adotar a Educação Moral e Cívica como disciplina obrigatória. A LDB da redemocratização, de 1996, foi relatada pelo então senador Darcy Ribeiro e pode ser vista como um novo pacto nacional pelo ensino público. Com base no princípio do direito universal à educação, a nova LDB dá a estados e municípios maior poder de decisão, cria um Plano Nacional de Educação (PNE), renovável a cada dez anos, e fixa o investimento mínimo obrigatório em educação, estabelecendo porcentagens dos orçamentos da União e de estados e municípios.

Em 1998, o governo FHC deu outro passo importante em benefício da educação pública ao criar o Fundo de Manutenção e Desenvolvimento do Ensino Fundamental e de Valorização do Magistério (Fundef), que investe no Ensino Fundamental uma porcentagem dos recursos federais, estaduais e municipais destinados à educação, distribuindo-os conforme o número de alunos matriculados. Numa inovação importante, o fundo tornou obrigatório destinar 60% dos recursos das escolas para o pagamento de professores, que passam, com isso, a ter um piso salarial nacional. Também foi um recurso contra as crônicas desigualdades regionais da educação pública no país, ao desvincular o investimento no Ensino Fundamental da arrecadação de estados e municípios.

O Cenpec sempre buscou uma atuação política, mas não partidária; nosso compromisso era acima de tudo com a inclusão social, a democracia, a gestão democrática e a busca por um ensino de qualidade para todas as crianças e jovens. Ao longo dos diversos projetos que desenvolvemos, alguns aprendizados marcaram tanto a trajetória da organização quanto a minha, como a importância de registrar as experiências que dão certo e podem se transformar em referência; de valorizar e capacitar professores e outros profissionais da educação, e de focar na escola, na didática do professor e na relação com alunos e pais. E, claro, atuar sempre em parceria — com governos, organismos internacionais, universidades, outras organizações da sociedade civil e empresas, para dessa forma construir pontes entre mundos que têm tudo para se ajudar.

## *Unicef*

Agência da ONU criada em 1946 como fundo de emergência para a infância, o Unicef ganhou grande visibilidade nos anos 1990, fazendo uso dos meios de comunicação para mobilizar a opinião pública do mundo inteiro sobre a urgência de cuidar de crianças e jovens. Nos diversos países em que passou a atuar com mais ênfase, seu papel era estimular o encontro entre os governos e a sociedade civil, fomentando as políticas públicas para a infância. No Brasil, essa cena começava a se estruturar num ambiente democrático, e poucas organizações tinham expertise com crianças e jovens; mesmo assim, o Unicef contribuiu para aumentar a pressão pela oferta de serviços educacionais e para qualificar a demanda de ensino.

Naquele início dos anos 1990, não havia no Brasil avaliações de aprendizagem em nível nacional. Os estudos que o Unicef passou a apoiar tinham relevo não apenas porque ajudavam a cobrir lacunas de informação em campos importantes — no caso brasileiro, educação básica, disparidades regionais e analfabetismo, por exemplo —, mas porque traziam uma metodologia inovadora de avaliação: rápida, qualitativa e com foco em boas experiências e boas práticas. Isso deu novo rumo e novo tom ao debate brasileiro sobre educação, que até então tendia a limitar-se a denúncias e críticas genéricas.

A parceria com o Unicef abriu oportunidades de atuação e de aprendizagem para o Cenpec e também para mim. Fizemos diversos estudos para a agência, com destaque para o projeto Educação e Desenvolvimento Municipal (1989-92), que, por meio de ações educacionais inovadoras, implementadas em quinze municípios de nove estados brasileiros, buscava elementos que pudessem constituir políticas voltadas à melhoria da educação no país. Foi um processo frutífero, em que conhecemos inúmeros pesquisadores, como Sofia Lerche Vieira, colaboradora do Cenpec e amiga querida até hoje. O Unicef nos trouxe não só grande conhecimento dos sistemas formais de ensino, mas também a longa experiência de atuação em territórios ao redor do mundo.

Com o projeto Educação e Desenvolvimento Municipal, tivemos oportunidade de conhecer municípios grandes e pequenos do Nordeste, Centro-Oeste, Sudeste e Sul e de entender um pouco melhor como se dava, na prática, a implementação das políticas públicas, qual era o papel das Secretarias Municipais de Educação, como era a formação dos professores, quais dificuldades eles enfrentavam no dia a dia. Era tudo muito novo para mim, e mergulhei fascinada na experiência, querendo compreender melhor a educação no Brasil.

Ao visitar municípios de pouquíssimos recursos, vimos coisas surpreendentes. Em Icapuí, no Ceará, um grande mural na praça principal estampava o orçamento municipal. Era uma inovação do prefeito: de um jeito bem simples, a prestação de contas se tornava pública e transparente. Em escolas da periferia de Porto Alegre, assistimos a aulas de ciências criativas, concebidas para manter os alunos interessados; no interior de Goiás, uma escolinha rural cobriu as paredes de letras e ilustrações recortadas de revistas, para tornar as aulas mais divertidas. Era impossível não se emocionar com a força das professoras, que mesmo em lugares tão pobres se comprometiam com a educação das crianças. O projeto foi uma lição de vida.

Após reunir relatos de campo dos diversos municípios, formulamos sugestões, voltadas às Secretarias Municipais de Educação, sobre a implementação de políticas públicas, e organizamos fóruns de debates com os diversos atores envolvidos na educação. Os estudos resultaram em uma publicação que sistematizava as inovações em fascículos. Mais tarde, em 1999, eles se desdobrariam no programa Melhoria da Educação no Município, voltado a fomentar e a desenvolver iniciativas com base em um diagnóstico das redes de ensino, e com foco na formação de gestores públicos e organizações civis.

A parceria com o Unicef e o projeto com os municípios levou a equipe do Cenpec a participar de fóruns e seminários pelo Brasil. Neles, tivemos a oportunidade de discutir a educação brasileira com outros pesquisadores, técnicos de secretarias e políticos. Nesse movimento, acho que estávamos todos nos formando em políticas públicas. Era um momento de consolidação da redemocratização, tínhamos a sensação de estar reconstruindo o país. E estávamos mesmo. Éramos atores desse processo.

Além de nos fortalecer como criadores de bases para políticas públicas, a parceria com o Unicef nos levou a conhecer de perto comunidades pobres das diferentes regiões do país. Apoiados pela experiência da agência, pudemos dimensionar melhor a realidade das favelas e da desigualdade do país, e entrever o potencial de organizações da sociedade civil para atuar em territórios vulneráveis. Para estudar os municípios, visitamos favelas e comunidades para conhecer os trabalhos sociais que estavam sendo desenvolvidos. Foi um trabalho de se aproximar desses territórios; as pessoas nos convidavam para entrar em casa, tomar um café e falar da vida.

Com o passar do tempo, meu incômodo inicial diante das diferenças abissais entre a minha vida e a vida daquelas pessoas se transformou. Entendi que meu olhar de empatia e de acolhimento me aproximava de cada pessoa que eu conhecia; nós nos encontrávamos na nossa humanidade.

## *Empresas e escolas*

Enquanto desenvolvia o estudo dos municípios para o Unicef, o Cenpec começou a fazer acordos com empresas que, sensibilizadas pelos problemas da educação no país, buscavam apoiar escolas no entorno de suas fábricas ou escritórios. Aprendemos na prática a mediar o diálogo entre entidades com formas de atuação completamente diversas: empresas e escolas.

Era um diálogo difícil, muitas vezes impregnado de preconceitos, uma vez que no início da década de 1990 as empresas e fundações empresariais estavam começando a apoiar a educação, não tinham equipe própria e estavam tentando entender o sistema educacional brasileiro. Foi nesse contexto que o Cenpec lançou em 1995 o Prêmio Itaú-Unicef, voltado a identificar, estimular e dar visibilidade a ONGs com projetos criativos e eficazes de complementação escolar para crianças e jovens em situação de vulnerabilidade social.

O prêmio funcionava como um edital. As ONGs se inscreviam, apresentando o projeto, e concorriam não só a premiações em dinheiro, mas a encontros de capacitação, apoio técnico-financeiro e produção e distribuição de publicações e outros materiais de apoio. As organizações finalistas recebiam a visita de um avaliador do Cenpec, que fazia a certificação do projeto. Quem decidia os premiados era uma comissão formada por agentes públicos e privados ligados à área da educação.

Inovador em muitos aspectos, o prêmio não beneficiava só os ganhadores. Em larga medida, funcionou como chamariz, estimulando a formação, o fortalecimento e a mobilização de organizações da sociedade civil articuladas a escolas. Para se inscrever no edital, as ONGs tinham de se organizar, o que trouxe a necessidade de refletir sobre a própria atuação, de colher e sistematizar dados, de apresentar projetos e resultados. Esses procedimentos ainda eram pouco comuns no terceiro setor, então, de certa forma, todos os concorrentes tiveram algum aprendizado, mesmo que não fossem premiados.

Foi um sucesso: desde a primeira edição, conhecemos iniciativas maravilhosas, muitas das quais deixaram marcas nas pessoas que as avaliaram. Premiamos iniciativas relacionadas à cultura, à formação de trabalhadores rurais, a ações comunitárias, à cooperação agrícola, a comunidades indígenas, à dança e à comunicação e ao audiovisual, entre muitas outras áreas. Tomei contato com pessoas incríveis, que desejavam construir um país justo para todos.

Na edição de 1997, o prêmio Itaú-Unicef homenageou Paulo Freire, que morrera em maio daquele ano. Uma das iniciativas premiadas era de Roraima. No vídeo de apresentação do projeto, Sandra Meique, de doze anos, que havia sido proibida pela mãe de ir à escola — pois precisava ajudar em casa —, conta que pulava a janela do banheiro para ir estudar escondida.

### *Raízes e Asas*

Realizado entre 1993 e 1997, Raízes e Asas foi outro marco importante no percurso do Cenpec, não apenas para nós, mas também para nossos parceiros no projeto, Itaú e Unicef. A gente queria oferecer apoio técnico e profissional às escolas e a todos os envolvidos no dia a dia da educação, como coordenadores, técnicos, diretores e professores. E era notável como as propostas inovadoras contavam com a participação da comunidade, numa gestão democrática — essa integração entre escolas e comunidade foi essencial no projeto.

Um professor sozinho não consegue mudar a educação; não se trata de uma tarefa solitária. Por isso, costumávamos dizer que nosso olhar "ia para fora da sala de aula, para além dos portões da escola". Primeiro desenvolvemos estudos teóricos e pesquisas de campo em diversas regiões do país sobre a educação pública, pensando na atuação prática dos profissionais envolvidos no cotidiano escolar: como ensinar, as formas de avaliação da aprendizagem, o trabalho coletivo, a função social da escola, a gestão democrática. Esses eram nossos temas de pesquisa e discussão, que levaram à criação de um material de apoio para a formação de educadores. A partir das práticas de diversas escolas e Secretarias Municipais de Educação, nossa proposta era estimular outras instituições a fazer debates e implementar ações voltadas ao desenvolvimento de uma educação de qualidade. Inspirados em nossa própria busca de boas práticas pelo Brasil, criamos um material que apresentava a experiência real de educadores e diretores de quinze escolas de diferentes regiões do país, selecionados pelas inovações que haviam introduzido no dia a dia de suas comunidades.

Cada escola tem suas raízes, desenvolve-se num território, cria sustentação com a comunidade, tem sua história. A gente queria ajudar as escolas, os educadores e os estudantes a criarem asas, estimulando a autonomia em suas ações em busca de práticas democráticas e uma educação de qualidade para todos.

Raízes e Asas se materializou, assim, numa série de fascículos temáticos, de projeto gráfico leve e tom bem-humorado. Cada volume abordava a escola em um aspecto ou desafio: a função social, o caráter coletivo, a participação na vida da comunidade, a construção de projetos, a prática pedagógica. Além dos fascículos, produzimos cartazes e também vídeos em que os educadores das escolas escolhidas contavam um pouco de suas iniciativas. No vídeo *Profissão professor*, fizemos uma entrevista com Paulo Freire, realizada pouco antes de sua morte.

Lançamos Raízes e Asas com a presença do então ministro da Educação, Paulo Renato Sousa. Era o início do primeiro governo FHC (1995-98), e estava em curso uma enorme expansão do sistema educacional. O acesso de crianças e jovens ao Ensino Fundamental crescia, graças à criação do Fundef e à campanha Toda Criança na Escola, lançada em 1997 com a meta de matricular as 2,7 milhões de crianças de sete a catorze anos que estavam fora da escola. O Censo Escolar de 1999 revelaria um crescimento de sete pontos percentuais na presença desse segmento no Fundamental, e um salto de 57% nas matrículas no Ensino Médio. Fortalecendo-se como agência geradora de políticas públicas nesse campo, o MEC implementava uma série de medidas para melhorar a qualidade do ensino e universalizar o acesso. Ao mesmo tempo, a sociedade se conscientizava da importância da educação pública, e novos atores se juntavam ao debate educacional — tanto da sociedade civil como do mundo corporativo. Após vinte anos, consolidava-se no país o debate sobre a importância do ensino público e suas deficiências, e a educação entrava na pauta da sociedade e das políticas públicas.

Acompanhamos de perto a recepção de Raízes e Asas, visitando escolas e órgãos do governo que adotaram o projeto como base de ações e reflexões. O impacto foi muito positivo: distribuído para quase 40 mil escolas em todo país, o material passou a integrar a bibliografia de concursos de seleção de professores, supervisores e coordenadores em vários estados, e serviu de apoio a projetos municipais e estaduais de formação de educadores. Para muitos professores e gestores de escolas, foi o primeiro material de formação a que tiveram acesso. Em 1995, recebeu o prêmio ECO, da Câmara Americana de Comércio, por contribuir de forma efetiva para a melhoria da educação no Brasil.

Para nós, pesquisadoras e equipe da Cenpec, foi uma sensação de muita realização ouvir de tanta gente, em tantos lugares, sobre a importância do Raízes e Asas para a melhoria da educação pública e a formação de professores — que o ministro Paulo Renato definiria em 1999, ao avaliar os avanços da educação básica em sua gestão, como o grande desafio a ser enfrentado pela União e pelos estados e municípios brasileiros. Todos os que participaram da elaboração e da divulgação do projeto veem nele um marco importante. Nos anos seguintes, quando voltávamos a nos reunir, não podíamos deixar de lembrar que, na época em que ele foi lançado, a equipe inteira do Cenpec cabia numa van. E foi numa van que chegamos, todas as autoras, a Diamantina (MG), para participar de um congresso de educação em 1995.

Com o Raízes e Asas pude conhecer o Brasil das regiões mais rústicas e inóspitas. Foi uma experiência que marcou minha história e mudou meu modo de entender o país. Conheci escolas, educadores e gestoras — pois eram mulheres, na imensa maioria — que buscavam todos os meios para suprir as deficiências estruturais e enfrentar as questões das comunidades. Experimentei a diversidade, a fragilidade, as disparidades e também as potências de diferentes regiões, estados e cidades do Brasil. Estive em periferias urbanas e zonas rurais, observei políticas que davam certo, apoiando de fato os educadores, e outras que deixam as escolas sem recursos e os professores desamparados. Compreendi um pouco mais da complexidade de um país da dimensão do Brasil.

A partir da experiência com o Raízes e Asas, tive a oportunidade de viajar para o exterior, para participar de seminários e cursos. Em julho de 1995, fui com Sofia Lerche Vieira em uma delegação brasileira para Harvard, num curso sobre educação promovido pelo Banco Mundial. Participei de seminários internacionais em Bogotá sobre financiamento em educação na América Latina e também em Nova Délhi, o Encontro E9 Countries, sobre formação de professores.

## *Livro didático*

O Programa de Leitura e Escrita (PLE), o primeiro projeto do Cenpec, abriu muitas portas para o nosso trabalho com educação pública. O tempo mostrou que tinha valido a pena enfrentar o dogma de que a abordagem construtivista seria incompatível com o uso de material didático. Como acreditávamos, o PLE acabou sendo fundamental para muitos professores da rede pública, sobretudo mais tarde, quando o programa se converteu em livro didático, o *Letra viva*, que ganhou um Prêmio Jabuti (1995) e integrou o Programa Nacional do Livro Didático (PNLD).

O PNLD, política pública que teria longa vida, também foi fruto do trabalho do Cenpec. Em 1996, por causa do PLE, o governo federal nos chamou para criar e coordenar as primeiras edições de um guia de avaliação do livro didático. Começamos avaliando quinhentos títulos dirigidos às primeiras séries do Ensino Fundamental para selecionar cerca de cem. Em 1998, iniciamos a seleção das obras destinadas às séries finais. Considerávamos inadequados os livros que apresentassem erros conceituais, preconceitos ou dados desatualizados. Produzimos então um guia com critérios de qualidade para a escolha dos títulos de diferentes disciplinas que seriam distribuídos pelo Ministério da Educação e adotados na rede pública.

Foi assim que surgiu o PNLD, um projeto pioneiro no Brasil que distribui livros didáticos, pedagógicos e literários a todas as escolas públicas. Em uso até hoje, é reconhecido nacional e internacionalmente, embora as primeiras edições tenham recebido duras críticas de autores e editoras que não foram selecionados. Fui atacada pessoalmente; tentaram me desqualificar como coordenadora do projeto, alegando que eu seria empresária e banqueira e não entenderia de educação. O MEC sustentou o programa com firmeza, e o PNLD se tornou um dos pilares educacionais do Brasil.

Especialistas avaliam as obras e os professores é que escolhem o que vão adotar com seus alunos. O Fundo Nacional de Desenvolvimento da Educação (FNDE), uma autarquia federal vinculada ao MEC, é responsável por distribuir, de forma regular e gratuita, o que foi selecionado pelos profissionais de cada instituição.

Hoje o PNLD é uma das maiores iniciativas governamentais para compra de livros didáticos no mundo, garantindo obras didáticas a todos os alunos de escolas públicas no país. Em 2023, quando, durante uma disputa política, a Secretaria de Educação de São Paulo recusou o recebimento dos livros didáticos selecionados pelo programa federal, a gritaria foi tanta que o governo do estado teve de recuar.

### *Trajetória escolar*

Também foi importante para o Cenpec a ação de aceleração de aprendizagem que desenvolvemos, em 1996, para o projeto Reorganização da Trajetória Escolar no Ensino Fundamental, da Secretaria Estadual de Educação de São Paulo. Inovador e ousado, o projeto tinha concepção geral da professora Rose Neubauer, então à frente da secretaria. Com foco em alunos que haviam repetido de ano seguidamente, criava uma classe de aceleração que eles frequentariam por um ano, antes de reingressar no ensino regular. O Cenpec desenvolveu um material didático específico para esses estudantes e formou professores para atuar nessas classes de aceleração, composto de grupos heterogêneos com alunos de séries e níveis de conhecimento diversos.

A partir dessa experiência, o Cenpec criou outros programas que tinham como eixo a correção de fluxo, o reforço ou a reorganização curricular, todos voltados a alunos com dificuldades de aprendizagem. Anos mais tarde, no biênio 2020-21, a pandemia de covid-19 traria o problema do fluxo escolar de volta para o centro do debate educacional.

A gestão do ministro Fernando Haddad à frente do Ministério da Educação, entre 2005 e 2011, seria marcante — para a educação brasileira, não só para o Cenpec. Houve um novo salto de qualidade, com políticas importantes, que davam continuidade aos esforços do governo FHC. Foram inúmeras as parcerias que o Cenpec desenvolveu com o MEC nesse período. Uma delas nasceu do programa Escrevendo o Futuro, que realizamos com a Fundação Itaú. Voltado a alunos da quinta série do Fundamental até o Ensino Médio, ele incentivava a produção de poemas, crônicas, reportagens e relatos de memórias, conforme a faixa etária. O professor desenvolvia oficinas de produção escrita usando sequências didáticas que exploravam os gêneros textuais. Em todas as edições, o tema era "O lugar onde vivo", que propiciava sair dos muros da escola e trabalhar com escritores locais, as características de cada território. Era uma forma de valorizar o espaço de pertencimento.

Convidado para a entrega dos prêmios, Haddad se encantou com o Escrevendo o Futuro. Resultado: o programa foi abraçado pelo MEC, transformou-se em política pública — a Olimpíada de Língua Portuguesa — e ganhou escala. Em 2012, envolveu mais de 3 milhões de alunos e mais de 100 mil professores de 40 mil escolas; 91% dos municípios do país, de todos os estados, estavam representados. O presidente Lula participou da cerimônia final de duas edições, premiando estudantes, professores e escolas por gênero literário e por série. Em 2024, a Fundação Itaú e o Cenpec transferiram para o MEC a metodologia da Olimpíada de Língua Portuguesa.

## *Portas e janelas para o mundo*

Neste capítulo fiz um relato de meus primeiros anos de atuação no campo da educação pública brasileira. Há outros inúmeros projetos que eu poderia citar. Embora eu continue acompanhando esse debate, aos poucos eu me distanciei dele, em benefício de uma visão mais abrangente de ação social e da própria educação. Em 2015, lancei o livro *Educação e sustentabilidade: Princípios e valores para a formação de educadores* (Peirópolis), em que busco articular minha experiência como educadora a uma visão ambientalista, ensaiando um olhar que ultrapassa o campo da educação.

O Cenpec, ao longo de sua história, vem desempenhando um papel importante no debate educacional brasileiro, sendo reconhecido por ter uma equipe técnica competente, com experiência na escola e nas políticas públicas brasileiras. Em 2011, criou um setor de pesquisas com foco nas desigualdades educacionais e depois iniciou uma série de estudos sobre juventudes e Ensino Médio que se tornaram referência para a formulação de políticas públicas, fazendo da organização uma fonte nesse debate. Hoje, o Cenpec é reconhecido como instituição que tem compromisso com uma educação de qualidade para todos e com equidade social. Em mais de 35 anos, ele se consolidou como organização da sociedade civil que se posiciona publicamente diante das mais diversas agendas da educação básica brasileira, sobretudo em relação às desigualdades.

Ter feito parte da criação do Cenpec foi uma escola para mim e, profissionalmente, uma passagem fundamental — no entendimento do campo da educação, das políticas públicas e do papel da sociedade civil. Foi também uma possibilidade de abrir portas e janelas para o mundo, de conhecer o Brasil; as organizações internacionais e locais da sociedade civil; o espaço público nos âmbitos municipal, estadual e federal; os territórios de alta vulnerabilidade social e as pessoas que vivem neles. E, o que é mais importante, no Cenpec fiz amigos, pessoas com quem compartilhei experiências e conhecimentos.

Essas relações de trabalho viraram vínculos afetivos intensos, que perduram até hoje. Sou especialmente grata a Marta Grosbaum, Carminha Brant e Anna Helena Altenfelder por terem assumido a coordenação executiva do Cenpec com competência e engajamento, quando passei a presidir o conselho da organização. Cada uma deixou sua marca, nos ajudou a caminhar para uma profissionalização crescente da governança e ampliou parcerias, equipes e projetos. Com certeza elas teriam muitas outras histórias para relatar, inclusive sobre os obstáculos e desafios que enfrentaram, mas que nunca fizeram a coordenação e as equipes do Cenpec esmorecer.

Há muitos anos o Cenpec caminha com as próprias pernas. Em 2017, Anna Helena assumiu a presidência do conselho, do qual tenho muito orgulho de continuar fazendo parte. Em 2022, Beatriz Cortese tornou-se diretora geral da organização. Das lições que aprendi nesse período, poucas se equipararam à importância de contar com uma equipe comprometida com uma causa. E também com lideranças engajadas com uma visão que articula contexto e futuro, capazes de manter vivo, em todos nós, o desejo de aprender e de nos atualizar continuamente.

## 3. Novas culturas, novos territórios

> O senhor... mire veja: o mais importante e bonito, do mundo, é isto: que as pessoas não estão sempre iguais, ainda não foram terminadas — mas que elas vão sempre mudando. Afinam ou desafinam. Verdade maior. É o que a vida me ensinou. Isso que me alegra, montão.
>
> Guimarães Rosa, *Grande sertão: Veredas*

Em visita ao Brasil, em 1997, a diplomata e socióloga chilena Marta Maurás, então diretora regional do Unicef na América Latina e no Caribe, ficou encantada com o material do projeto Raízes e Asas, que viu sendo usado em escolas do Ceará, e me chamou para uma reunião. O grande desafio do Unicef na região era a educação. Marta achou o Raízes e Asas muito inovador e quis conhecer a coordenadora do projeto. Nossa conversa foi tão boa que, no fim, ela me convidou para assumir o cargo de Oficial de Educação para a América Latina e o Caribe do Unicef, no escritório em Bogotá. Levei um susto: implicava uma mudança enorme na minha vida. Mas a ideia de atuar na América Latina e no Caribe e de vir a fazer alguma diferença nas políticas públicas para a infância, com a educação em alta na agenda dos governos, me motivou a aceitar.

Naquele fim dos anos 1990, o continente ainda enfrentava grandes desafios no campo da educação. Havia avanços no acesso ao Ensino Fundamental I, mas ainda era preciso universalizar o Fundamental II e o Ensino Médio, além de alcançar outros níveis de qualidade. Os obstáculos eram enormes. Mesmo com as diferenças conforme o país e entre áreas urbanas e rurais, em geral as taxas de repetência eram altas; os professores, despreparados e mal remunerados; a infraestrutura das escolas, inadequada, e faltavam materiais didáticos, entre outros problemas. Para o Unicef, a primeira infância era prioridade; seus programas envolviam famílias e comunidades.

Eu já estava divorciada, e Ruy e eu mantínhamos guarda compartilhada de nossos três filhos, então com vinte, dezoito e catorze anos. A decisão de deixá-los com o pai foi difícil, mas eu viria ao Brasil quinzenalmente para ficar com eles e tinha a tranquilidade de saber que estavam sendo bem cuidados. Por isso sou tão grata ao Ruy: ele foi a âncora que me permitiu ir atrás dos meus sonhos.

Foi uma experiência marcante viver sozinha em uma cidade estrangeira, onde o meu sobrenome não tinha significado nenhum para ninguém com quem eu me relacionasse. Aluguei um apartamento em um bairro gostoso de Bogotá, ia e voltava de táxi para o escritório e me virava para resolver sozinha todas as questões cotidianas. Precisei ter aulas de espanhol, pois no começo só falava portunhol, mas depois de algum tempo já me virava bastante bem, a ponto de dar palestras — muito mais à vontade que com o inglês, usado em reuniões de trabalho do Unicef ou da ONU, principalmente quando envolviam os países anglófonos do Caribe.

Mas não foi apenas meu dia a dia que mudou. Precisei entender o funcionamento do Unicef, organização internacional presente em mais de 190 países, com escritórios espalhados pelo mundo. A agência foi criada pela ONU depois da Segunda Guerra Mundial (1939--45), para prestar ajuda humanitária às crianças que sofreram com o conflito. Hoje, trabalha pela saúde materna e infantil e pela educação, no combate ao trabalho infantil e à violência contra crianças, além de oferecer ajuda em emergências — crises, conflitos armados, desastres climáticos e ambientais. Atua na arrecadação de fundos, na mobilização de recursos e na colaboração com governos e parceiros locais para implementar programas e projetos.

Em Bogotá, meu trabalho era fomentar a consciência do papel estratégico da educação na América Latina e no Caribe. Cabia a mim apoiar os países sul-americanos em suas iniciativas nesse campo — cada um tinha autonomia para escolher seus projetos, claro — e coordenar uma visão geral para a região. Fiz um giro pelos diferentes escritórios no continente para identificar demandas e potencialidades. Era recebida sempre com alegria, só por ser brasileira.

Acabei percebendo que, enquanto os países latino-americanos se voltam constantemente para o Brasil, acompanhando de perto nossas políticas, nós, brasileiros, temos o olhar fixo em nós mesmos, nos Estados Unidos e na Europa. Sabemos bem pouco ou quase nada sobre a maior parte dos países vizinhos.

No Paraguai, tive uma grande surpresa. Alguém do escritório local me falou, com bastante veemência, sobre o imperialismo brasileiro na região e as consequências terríveis da Guerra do Paraguai (1864-70) para o país. O conflito, o maior da história do continente, terminou com saldo desastroso para o Paraguai, que perdeu quase 70% de sua população e 40% de seu território, sofreu uma devastação econômica e ficou isolado internacionalmente. Pela primeira vez, senti que o Brasil era visto como um país dominador. Também ouvi algumas pessoas comentarem que, para a América Latina, o Brasil não poderia ir mal, já que arrastaria junto os países vizinhos; mas tampouco deveria se sair bem a ponto de poder dominá-los.

No final dos 1990, vários países da região passavam por processos de redemocratização, depois de atravessar ditaduras, quebrando um ciclo de autoritarismo que voltaria a assombrar o Brasil, a América Latina e o mundo trinta anos depois. No campo da educação, registravam-se avanços. Temas relativos a gênero e aos povos indígenas — no Brasil ainda considerados secundários — já ganhavam relevo em diversos países latinos. Aprendi muito sobre as culturas tradicionais do continente. Conheci comunidades indígenas no Peru e na Bolívia, país onde o conhecimento originário já era visto como riqueza a ser preservada, honrada e cultivada, e que tentava incorporar a língua e os saberes indígenas ao currículo escolar. O caso foi publicado na coletânea *Educação para a democracia*, que supervisionei para o Unicef quando estava em Bogotá. A hispanização das escolas e a imposição do espanhol como instrumento de discriminação social e aculturação já recebiam duras críticas, como apontava o currículo da Bolívia naquela época:

> Dada a heterogeneidade étnica, social, cultural e linguística do nosso país, o currículo da Reforma educativa assume o desafio de reunir estas diferenças e projetá-las como capital inestimável para o desenvolvimento da sociedade boliviana. Nesse sentido, a diversidade

deixa de ser um obstáculo ao desenvolvimento socioeconômico e educativo e torna-se um fator de empoderamento e desenvolvimento cultural, econômico e social.

Depois de conhecer países como Honduras, Costa Rica, El Salvador e Guatemala, tive uma imagem mais concreta de sua realidade. São nações que lutam para existir aos olhos do mundo. A América Central costuma parecer pequena para nós, brasileiros, dadas as suas extensões modestas diante do nosso gigantismo. Adentrando esses países, porém, muitas vezes fui remetida à lembrança do sertão nordestino e de nossas zonas rurais, com precariedades e vulnerabilidades semelhantes. A história e a realidade desses países, tantas vezes atravessadas por criminalidade, guerras e golpes de Estado, também nos faz lembrar a nossa história e a nossa realidade. É só lembrarmos, por exemplo, das milícias que vemos crescer hoje em vários estados brasileiros.

No fim dos anos 1990, a Costa Rica se destacava por oferecer uma educação pública de qualidade e pela forma consistente e ordenada de implementar programas nesse campo. A Guatemala me deslumbrou com as paisagens arqueológicas e as tradições indígenas. Conheci também República Dominicana, Jamaica e Cuba — este, aliás, foi um país que mexeu muito comigo, numa visita de emoções intensas. Lá, a educação é prioridade nacional, e todos os estudantes participam de um programa de atividades esportivas e culturais no contraturno escolar. Visitei instituições de ensino e tive excelentes conversas com educadores. No entanto, foi um choque constatar a pobreza que se espalhava por Havana naquela época: o país sofria com os efeitos do fim da União Soviética, em 1991, e do embargo econômico internacional imposto pelos Estados Unidos a partir do ano seguinte, e em vigor até hoje.

Deixei como legado de minha curta gestão de dois anos no Unicef a coletânea *Educação para a democracia*. Em dez volumes, ela trata de estratégias para a educação na América Latina e no Caribe, com autores como o filósofo e educador colombiano José Bernardo Toro discutindo a situação da região nos aspectos mais caros ao Unicef: a primeira infância, a universalização da educação de qualidade, a democracia e o combate ao trabalho infantil. Também traz dados sobre a situação dos países sul-americanos e analisa os currículos escolares de Argentina, Chile, Bolívia, Colômbia e Brasil.

Muito resumidamente, os livros defendem que uma das principais tarefas da democracia é fazer da educação um bem público, uma instância capaz de garantir a passagem da linguagem privada para a linguagem coletiva. Se a escola é o primeiro lugar público que as crianças frequentam, é lá que aprendem o que é diversidade, diferenças, conflitos, coletividade e participação, e é lá que compreendem que tudo isso faz parte de viver junto de forma democrática. No centro da reflexão está a ideia de que a escola tem papel importante na construção da vida pública. Ainda que a frase possa soar um tanto desgastada nos dias de hoje, a escola democrática é, por excelência, o espaço de formação para a cidadania.

Direitos humanos, proteção da vida, educação democrática: como se percebe, diversos temas discutidos na década de 1990 no contexto da redemocratização dos países da América Latina voltam à pauta agora, na segunda década do século XXI, diante da ascensão de tendências retrógradas que questionam a democracia e os direitos humanos.

## *Brasil profundo*

Em dezembro de 1998, quando a violência começou a escalar na Colômbia, com confrontos crescentes entre as Forças Armadas Revolucionárias da Colômbia (Farc) e grupos paramilitares, o Unicef transferiu seu escritório regional para o Panamá. Minha gestão estava no fim, então voltei para o Brasil e retomei as atividades no Cenpec. Depois da experiência na América Latina, passei a entender meu país num âmbito mais amplo, continental. Conhecera muitas realidades e visões de educação, e meu desejo era me voltar para os interiores brasileiros a partir dessa nova perspectiva.

Um novo projeto me possibilitaria mergulhar mais uma vez nas profundezas do país: *Escola: Que lugar é esse?*, livro que homenageava a escola pública como lugar de aprender e de inventar e como lugar para todos, mostrando boas práticas educativas em uso nas diversas regiões do país. Para escrever o livro, eu e outras pesquisadoras do

Cenpec visitamos escolas no Amazonas, no Ceará, no Rio Grande do Sul e em São Paulo, para conhecer projetos inovadores, ouvir histórias e produzir material fotográfico. De novo, tive o privilégio de viver realidades e encontrar pessoas que me ensinaram muito. Esse mosaico de experiências está sugerido na introdução do livro:

> Por onde andamos, vimos muita coisa, ouvimos muita gente, mas muito ainda ficou por fazer. Viajantes sem rumo seguindo uma estrela-guia, só uma pergunta nos conduzia: que lugar é esse que todos chamam de escola?
> De barco, de avião, de trem... No sertão, na cidade, na mata, na estrada, no casebre, no cortiço, a todos perguntamos: e a escola, que lugar é esse?
> Fomos guardando sorrisos, nó na garganta, palavras, cantigas, retalhos de histórias, retratos, poemas, desenhos, prédios, fachadas, pátios, nomes estranhos, olhares, gestos, cartas, caras de crianças... Chegamos até aqui, mala cheia, baú repleto, muita coisa veio conosco, um pouco ficou perdida no caminho. Não dá pra contar tudo, mas dá pra mostrar um bom punhado.

Conhecemos lugares incríveis, como o Assentamento Zumbi dos Palmares, em Aracati, ou Canoa Quebrada, cidade de areia, ambos no Ceará. Percorremos também escolas nas periferias urbanas do Nordeste, Sudeste e Sul, outra experiência riquíssima. Mas nada se compara a São Gabriel da Cachoeira (AM), que fica no Alto Rio Negro, na fronteira com a Colômbia e a Venezuela: nove em dez habitantes são indígenas e há quatro línguas oficiais: português, nheengatu, tucano e baniwa. Lá, visitamos escolas em aldeias como Nazaré do Rio Kubati, o barco-escola *Rio Negro* e a Federação das Organizações Indígenas do Rio Negro (Foirn).

O município amazonense conta com a presença fundamental do Instituto Socioambiental (ISA), que conduz as articulações com as comunidades indígenas em áreas como educação e atividades de inclusão produtiva. O ISA é uma das organizações que renovavam o terceiro setor no país, tendo surgido em 1994, como derivação do Centro Ecumênico de Documentação e Informação (Cedi), que desde os anos 1960 unia católicos e evangélicos comprometidos com a pauta da justiça social. A nova organização herdou e ampliou o Programa Povos Indígenas no Brasil do Cedi, tornando-se referência na defesa de bens e direitos de populações indígenas e tradicionais.

No dia seguinte à nossa chegada a São Gabriel, pegamos uma voadeira grande e partimos para conhecer escolas em aldeias indígenas que ficavam a mais de quatro horas de viagem. O deslocamento pelo rio Negro foi estranhamente silencioso. Não cruzamos nenhuma outra embarcação e ouvíamos pouco ruído de pássaros na mata. Hoje penso no que aconteceria se tivéssemos tido algum problema no motor. Era o fim dos anos 1990; já havia celulares, mas o sinal estava longe de chegar à Amazônia.

Na primeira aldeia, fomos recebidos pelo cacique, que era chamado de capitão, certamente por influência dos militares que guardam a tríplice fronteira. Eram indígenas evangelizados. Eles nos mostraram como funcionava o trabalho coletivo e explicaram a função de cada construção da aldeia. Comemos peixe e farinha com os moradores, conversamos um pouco e fomos dormir em redes penduradas em uma das malocas. Inéditas para mim, as coisas mais simples me enchiam de encantamento. No dia seguinte, tomamos banho de rio e fomos conhecer a escola, frequentada por crianças, jovens e adultos. A professora e os alunos estavam brincando de jogos. Da visita à aldeia seguinte e suas escolas não me esqueço: um indígena cortou e nos ofereceu um pedaço de jacaré assado. Para minha surpresa, a carne era branca e macia.

O que mais me encantou nessa viagem não foram sabores nem imagens exóticas, e sim a potência das comunidades que se formam em torno das escolas. Conhecer de perto os programas e projetos desenvolvidos foi uma espécie de alimento energético para mim. Ainda hoje, quando evoco essas experiências, elas me conectam ao sentido e ao propósito de tudo o que faço — e também à alegria de perceber o potencial de todo ser humano, independentemente de formação, cor, origem e circunstância. Sentir-se pertencente a uma escola, sentir-se parte de uma comunidade escolar, é muito forte. A escola dá lugar a processos intensos: aprender, inventar, interagir, dialogar. Em cada estudante, essas experiências aos poucos ajudam a construir conhecimentos que acabam transformando o próprio aprendiz.

No livro *Escola: Que lugar é esse*, relatos de professoras expressam justamente esses sentimentos:

> Existem momentos que são eternos na vida da gente... O dia em que o Cícero de repente começou a ler; o dia em que a Luanda, que era bem quietinha, resolveu falar; o dia em que ficamos brincando com as bolinhas até que todos as jogassem e agarrassem ao mesmo tempo; ou o dia em que descobri o quanto amava Diogo.

### *Terra Paulista: natureza e memória*

No início de 2000, o Cenpec já estava bem estruturado. Maria do Carmo Brant de Carvalho, a Carminha, assumira a coordenação geral, e o momento continuava promissor para as pesquisas, os estudos e o aprimoramento de políticas públicas, com o governo federal priorizando a pauta da educação. Meus filhos também já estavam mais crescidos. Foi nessa época que dei uma nova guinada na vida. Casada pela segunda vez, numa relação que foi profundamente transformadora para mim, me mudei com Paulo para o interior paulista e criamos um hotel em uma fazenda histórica, a Capoava, perto de Itu, a cem quilômetros de São Paulo, com apoio de seu irmão Raul e sua cunhada Beatriz. Com esse projeto, que vingou — tornando a fazenda conhecida e atraindo turistas até hoje —, iniciava-se um novo ciclo profissional, que mesclaria educação, cultura e modo de vida de uma forma inédita em minha trajetória.

Aliando nossos interesses pessoais e profissionais, elaboramos um modelo de turismo original em torno dos eixos memória, natureza e culinária, valorizando o Brasil. Para desenhar o primeiro eixo, contratamos a historiadora ituana Anicleide Zequini, que pesquisou os documentos da Capoava, fundada no século XVIII, para recompor as várias fases de sua história, que se entrelaça à de São Paulo, passando pelos ciclos do açúcar, do café, do gado e, finalmente, do turismo. Na época da fundação, a palavra "capoava" designava, na região, um rancho coberto de sapé; em língua indígena, significava terra fértil ou terreno para roça. Os primeiros documentos dão conta de que havia ali um engenho de açúcar, plantações de milho, feijão e cana, e um alambique.

Há registros da cultura do café e de 69 pessoas escravizadas trabalhando na fazenda no século XIX. Feita de tijolos de adobe, a arquitetura da sede tem estilo bandeirista, com a varanda sustentada por três pilares e uma capela do lado direito, além de alguns cômodos que parecem ter feito parte da senzala. A partir do trabalho inicial de pesquisa, reunimos relíquias e histórias no Espaço Memória, que abriga objetos, documentos e obras de arte e tem uma área dedicada à cultura alimentar, sobretudo do período dos bandeirantes. Lá o visitante pode ver utensílios de cozinha usados na fazenda naquele período, peças que lembram como eram realizados os afazeres domésticos, receitas de cozinha de várias gerações da família que era proprietária da fazenda, uma máquina de beneficiar café movida a roda-d'água, datada do início do século XX — trazida de uma fábrica do município de Espírito Santo do Pinhal — e o equipamento que os tropeiros usavam. Acrescentamos fotos ao conjunto de objetos, além de vídeos em que moradores da região compartilham suas recordações em depoimentos.

A ideia também era preservar e dar a conhecer a fauna e a flora da fazenda, que tem áreas florestais muito bonitas, com vegetação de mata atlântica, e trechos pedregosos, com cactos, árvores de troncos retorcidos e outros elementos típicos do cerrado. Numeramos e registramos as principais árvores da propriedade e traçamos trilhas onde os turistas têm oportunidade de aprender um pouco sobre as espécies vegetais e animais da região. Também fizemos um levantamento dos animais e dos pássaros que vivem na fazenda, com o grupo de biólogos monitores da Capoava, coordenado por Ayo Miranda Mendes e Rafael Viana. Mais recentemente, os professores Ricardo Rodrigues e André Gustavo Nave, da Esalq — a Escola Superior de Agricultura Luiz de Queiroz, da USP —, encabeçaram um projeto de restauro florestal na fazenda, coordenando o plantio de 400 mil mudas de espécies de mata atlântica em áreas não florestadas.

Para nós era importante trabalhar o eixo da culinária, que é forte na família do Paulo. Cozinheira exímia, minha sogra, dona Lucy de Andrade Machado, sempre tinha uma refeição especial esperando por quem chegasse, a qualquer hora do dia ou da noite. O primeiro cardápio da Fazenda Capoava tinha como base a comida paulista tradicional, com costumes e ingredientes herdados de bandeirantes e tropeiros, mas marcada também por forte influência mineira. Tutu, mandioca, sequilhos, biscoitos e farinha de milho são presença constante. Nos últimos anos, a cozinha incorporou pratos típicos da culinária de imigrantes italianos, sírios, japoneses e outros, embora nos fins de semana a Capoava seja sempre brasileira: todo sábado tem feijoada, todo domingo tem leitoa à pururuca.

Implantado o projeto inicial, passamos a receber, além de turistas, estudantes. Fizemos parcerias com escolas locais, que toda semana enviavam novos grupos para conhecer a fazenda. Usando materiais e recursos museológicos do Espaço Memória, nossos monitores contavam a história da Capoava e de seus ciclos produtivos. Em seguida, os estudantes eram guiados pelas trilhas que cortam a mata atlântica, para conhecer a flora e a fauna.

Como minha experiência anterior era totalmente urbana, meu dia a dia se transformou de modo radical quando fui morar naquele ambiente rural. Além de gerir o hotel, aprendi a cavalgar e a entender e a apreciar os ciclos da natureza. Até hoje me encanto com a paineira, que dá muitas flores e depois solta a delicada paina, protegida por uns frutos de casca dura. Fizemos diversos amigos nesse período, hóspedes que se tornaram frequentadores assíduos da Capoava.

Hoje, ao relembrar aquela época, concluo que, de todas as intensidades que vivi na fazenda, duas seriam especialmente importantes, por se desdobrarem em novos caminhos de trabalho. O convívio diário com a natureza transformou um conhecimento ambiental mais teórico, do qual eu havia me aproximado desde a Rio-92, em um conhecimento vivo, que eu tinha incorporado em meu cotidiano. Anos depois, essa sensibilidade me aproximaria de Marina Silva. Também foi transformador perceber a riqueza do modo de ser das pessoas do campo, os caipiras. Isso abriria e ampliaria meu olhar para as pessoas das periferias urbanas, muitas delas de origem rural.

Quando me vi diante daquele mundo, senti necessidade de integrar experiência e reflexão num enquadramento que me ajudasse a compreender onde eu estava e que também buscasse as raízes históricas e culturais do universo caipira, para entender de forma mais profunda suas muitas camadas. O modo que encontrei para fazer isso foi desenvolver, com o Cenpec, o projeto Terra Paulista: Histórias, Arte e Costumes, que me ocupou entre 2003 e 2004 numa espécie de mapeamento do modo de vida e das manifestações culturais do interior paulista. De certa forma, para o Cenpec, foi um retorno aos eixos originais de atuação, já que o próprio nome da organização contém o desejo de integrar cultura e educação. Assim, mais uma vez, a minha vida pessoal e afetiva alimentou projetos mais amplos, que se difundiriam pelo mundo.

Fugindo do viés colonialista e da exaltação do bandeirantismo, Terra Paulista retrata um amplo espectro de manifestações, da cultura de peão de Barretos às romarias de Santana do Parnaíba, e revaloriza o modo de vida da população rural, que enfrentava o desafio de um desenvolvimento acelerado tanto no campo como nas cidades. O projeto é composto por três livros, que abordam a construção do patrimônio cultural paulista ao longo de cinco séculos de história e reúnem iconografia sobre São Paulo em diferentes épocas. Os conteúdos audiovisuais, treze minidocumentários, tratam de manifestações culturais e religiosas e dos vários grupos de imigrantes que se estabeleceram no estado.

Para realizar esse projeto, além de buscar apoios, montei uma equipe multidisciplinar que se engajaria intensamente nas descobertas de cada passo do processo, dos estudos preliminares à produção dos materiais. Coordenada pelo historiador Paulo César Garcez Marins, que teve a generosidade de compartilhar seu conhecimento comigo e com toda a equipe, composta pelo pesquisador Maurício Ernica, o escritor Jorge Miguel Marinho, a arte-educadora Anamelia Bueno Buoro, o professor de cultura e música brasileira Alberto Ikeda, Américo Pellegrino, os historiadores Anicleide Zequini, Maria Daniela Bueno de Camargo, Valderez Antonio Silva, Luís Roberto de Francisco, Lídia M. V. Possas, Ana Luiza Martins, Maria Aparecida de Moraes Silva, Antonio Carlos Diegues e Heitor Frúgoli Jr., a artista Beth Kok e o cineasta Sérgio Roizenblit.

Fruto da dedicação pessoal e profissional de todos os envolvidos, a coleção de livros Terra Paulista ganhou um prêmio Jabuti em 2005 de Projeto/Produção Editorial, além de prêmios do Instituto do Patrimônio Histórico e Artístico Nacional (Iphan) e da Academia Paulista de Letras. E o projeto se desdobrou em outras direções.

No mesmo ano, tomou a forma de uma grande exposição interativa, coordenada pela socióloga Elena Grosbaum e pela antropóloga Ilana Goldstein. Ocupando a área de convivência do Sesc Pompeia, a mostra incluía objetos e imagens de diferentes épocas, além de videoinstalações e outras obras contemporâneas que convidavam o público a mergulhar no universo cultural do interior do estado e em suas reverberações.

Outro subproduto foi a coletânea Terra Paulista Jovens, composta de dez volumes temáticos e um almanaque reunindo textos de jornais, anúncios e crônicas publicados ao longo do século xx. Com coordenação das educadoras Marta Grosbaum e Lidia Izecson de Carvalho, o material também envolvia jogos de tabuleiro que exploravam processos históricos. Em 2005, foi distribuído a alunos do Fundamental II e do Ensino Médio, em 890 escolas da rede pública do estado e, em 2006, nos deu mais um Jabuti, desta vez como obra paradidática.

Articulando educação e cultura, o Terra Paulista: Histórias, Arte e Costumes trouxe para o Cenpec um conhecimento profundo da história de São Paulo, de seu patrimônio material e imaterial e de sua gente. Assim, contribuiu indiretamente para delinear políticas públicas mais adequadas à realidade, aos costumes e aos valores desses territórios. O objetivo do projeto não era promover uma volta ao passado, mas fazer uma reflexão sobre esses legados e as diferentes temporalidades que convivem no mesmo estado.

As manifestações vivas da cultura caipira, se há muito já não são hegemônicas — pois estão sujeitas ao cosmopolitismo dos grandes centros urbanos —, fazem parte de nossas raízes e, de certa forma, dizem respeito aos múltiplos modos de ser de hoje. Nos relatos reunidos na coleção Terra Paulista, personagens ricos em sua simplicidade e sábios em seu modo de conceber a vida expressam, no linguajar peculiar do caipira, valores relativos à terra, à família, às tradições, à religiosidade, à natureza, à música e às festas. E, embora muitos destaquem os preconceitos que sofrem, a maioria tem orgulho de se dizer caipira. O senso de pertencimento a essa cultura é marcante: as pessoas se reconhecem nas referências que dão sentido à sua vida e veem na terra muito mais do que alimento e meio de produção. Ela é vida — a Mãe Terra.

> Eu me considero um caipira porque eu gosto muito da terra, gosto da música de raiz [...] caipira é a pessoa que gosta muito da terra, que ama o lugar que mora, gosta do mato, do cheiro da terra, da poeira.
> A gente é simples, é leal, vive na boa [...] a fé da gente caipira ficou assim, meio cristã, meio indígena.

O grande orientador da vida paulista é o Divino Espírito Santo e sua festa, cinquenta dias depois da Páscoa. Em vários municípios do interior do estado, a Festa do Divino é uma das manifestações culturais e religiosas mais importantes. As romarias são outra expressão da religiosidade presente ainda hoje:

> [...] é uma festa realmente tradicional [...] e tem assistido um aumento de cavaleiros, ciclistas, charretes [...] [é] uma comunhão entre a religião de muitos que vão pagar promessas e outros que vão somente a título de prazer, de passeio [...] na nossa romaria tem gente de todas as classes sociais, claro que com as suas diferenças [...]

Nos rodeios, que são tradicionais no interior paulista e têm sua expressão máxima na cidade de Barretos, o caipira se mistura com o peão de boiadeiro e com o caubói cantado pela cultura country norte-americana:

> Aqui tem muito mais coração do que razão. Isso aqui arrepia quando você escuta uma música, quando você sente que isso aqui pulsa [...] o rodeio hoje é um show, esse espetáculo é realmente uma coisa que engrandece a gente [...] Barretos é a grandeza do Brasil [...]

Impactada pelo projeto Terra Paulista, escrevi o ensaio *Vivências caipiras*, publicado em 2005 pela Imprensa Oficial. A ideia era tecer, a partir do material que levantamos nessa incursão pelo interior, um fio de histórias que revelasse as diferentes dimensões da cultura caipira. Ora vemos nesses relatos preconceito e discriminação contra um tipo de vida que muitas vezes é desvalorizado nas grandes cidades, ora percebemos tradições exaltadas como forma de resistência e de afirmação de uma identidade. Para escrever esse livro, me aprofundei não apenas na história do estado, mas nas ideias de filósofos e sociólogos que discutem cultura e globalização, como Gilles Lipovetsky, Michel Maffesoli e Homi K. Bhabha, e de autores brasileiros que analisam os meios de comunicação, como a psicanalista Maria Rita Kehl e o jornalista Eugênio Bucci. Queria entender também a figura do caubói estadunidense e a influência que, por sua presença midiática, ele impõe ao peão de rodeio.

Para estabelecer essa discussão teórica, analiso no livro depoimentos colhidos para os vídeos que integram o projeto Terra Paulista, relatos de pessoas comuns que são protagonistas de histórias do cotidiano paulista e guardiões de um patrimônio cultural cada vez mais desvalorizado. Organizei esses relatos, colhidos para os vídeos do projeto, em grandes categorias, que batizei de "terra, natureza e vida na roça"; "simplicidade no modo de ser e nos costumes"; "linguajar caipira"; "religiosidade, misticismo, destino" e "dimensões do tempo, tradições, festas e lazer".

Mergulhar na cultura caipira foi uma das experiências mais transformadoras da minha vida, algo que deslocou meu olhar de paulistana para o Brasil inteiro. Assim como nas viagens pelo país e pela América Latina, houve uma renovação na minha perspectiva e um aprofundamento da empatia em relação ao outro. Isso ampliou minha capacidade de diálogo. Foram experiências singelas, mas de grande transformação.

Anos mais tarde, já na Fundação Tide Setubal, eu perceberia que meus seis anos na zona rural, minha "vivência caipira" — digamos assim —, foram fundamentais para me ajudar a entender um pouco melhor as periferias urbanas e o modo de ser e de pensar das pessoas que vivem nelas.

Percebo hoje uma relação curiosa entre os depoimentos colhidos para o Terra Paulista, há vinte anos, e o momento atual. Por um lado, eles nos ajudam a entender e a valorizar aspectos da alma caipira que, para alguns autores, constituem uma espécie de reserva de humanidade, uma resistência aos aspectos mais brutos da modernização: a simplicidade, a rusticidade, a relação com a terra e a natureza, a alegria, as festas, as tradições, a religiosidade. Mas também deixam entrever algo potencialmente rígido, passadista: a nostalgia de um país que não existe mais e que talvez nunca tenha existido. Num dos depoimentos, lemos que ser caipira "é viver na sua autenticidade, é ser o que você é, sem máscaras, sem preconceito, falar o que você pensa, ser o matuto mesmo. […] Ser caipira é ser verdadeiro".

Com o Terra Paulista, o Cenpec entrou no campo da cultura pela via da educação. Nos anos seguintes, daríamos mais passos nessa direção, realizando a coordenação técnica do prêmio Cultura Viva, promovido pelo Ministério da Cultura (MinC) na gestão de Gilberto Gil, em 2006 e 2007. A ideia era reconhecer e fortalecer a diversidade cultural brasileira, apoiando uma ampla variedade de manifestações e iniciativas de escolas, centros comunitários, agremiações e grupos independentes, e não apenas artistas renomados. Nas palavras de Gil, "dar voz às diversas manifestações culturais do país", "mostrar a cultura do povo no seu dia a dia".

Os inscritos — que chegaram a 3 mil na segunda edição do prêmio — eram selecionados segundo critérios que incluíam promoção da cultura local, diversidade e participação comunitária. Os premiados recebiam recursos para desenvolver suas atividades e ajudar a preservar e difundir as tradições culturais brasileiras. O prêmio Cultura Viva fazia parte do programa homônimo do MinC, que tinha nos Pontos de Cultura, idealizados por Célio Turino, um dos seus pilares principais, e se estendeu pela gestão seguinte, de Juca Ferreira. Em 2023, a ministra da Cultura Margareth Menezes anunciou a retomada do programa de apoio aos pontos de cultura, com o mesmo nome: Cultura Viva.

Em torno do prêmio, foi possível construir um banco de dados com uma grande riqueza de informações sobre manifestações, trabalhos, metodologias, recursos e soluções relacionados à promoção da cultura, desenhando uma cartografia da diversidade brasileira e das formas de ação e articulação cultural. Fruto de uma enorme mobilização, ele deu voz a um sem-número de atores e gerou amplas oportunidades de parcerias e de fortalecimento. Como o nome diz, valorizar exemplos de uma cultura viva.

## 4. O social como prioridade

> Aprende-se a olhar olhando. Deter-se no simples, no habitual e descobrir o belo, o inusitado, o espanto. Para a escuta é preciso esse olhar e é preciso também aprender a receber, esvaziar-se para abrir espaço para ouvir o outro que exige atenção, mas com flexibilidade e abertura. Mudar meu olhar para abrir-se ao diálogo. […] O respeito é uma atitude ética que nos vincula diretamente às coisas, como mundo.
>
> Josep María Esquirol

A memória sempre presente da minha mãe me abriria mais um caminho importante no começo dos anos 2000. Ao recuperar seus escritos para um projeto familiar, entendi o pioneirismo do trabalho social que ela realizou na época em que meu pai foi prefeito de São Paulo, nos anos 1970. Àquela altura, eu já atuava na educação pública, com incursões no campo da cultura. Mas compreender a história e o trabalho que minha mãe realizara trinta anos antes — e o que havia de visionário em seu pensamento — me causou um impacto enorme. Senti necessidade de fazer alguma coisa com aquele turbilhão emocional que me tomou de forma intensa e inexplicável.

FOI NESSE contexto que iniciei uma nova trajetória, agora no campo da filantropia — ou, como se denomina no Brasil, do investimento social privado. Como sempre respondo quando algum jornalista me pergunta, em nenhum momento precisei romper com minha família para tomar uma ou outra direção, pois sempre me mantive afastada das funções do banco. Pelo contrário: sempre me senti respeitada em todas as minhas decisões, mesmo nas muitas vezes em que tivemos opiniões divergentes. O legado do meu pai, de ouvir e conviver com posições diferentes, permanece vivo entre nós.

O desassossego causado ao rememorar a história de minha mãe resultaria na criação, em 2005, da Fundação Tide Setubal, sob minha direção e com um Conselho que conta com a participação de alguns dos meus irmãos. A Fundação detém um fundo patrimonial, composto de recursos doados por mim, usados para realizar ou apoiar projetos próprios ou de terceiros. O Ministério Público verifica anualmente as contas e avalia se os projetos estão cumprindo a missão institucional — sempre de forma pública a explícita.

Com uma trajetória de mais de vinte anos na educação, além de experiências de empreendedorismo — primeiro a pré-escola, depois o hotel na fazenda —, eu não me via como filantropa, e sim como diretora de uma organização não governamental, como é o perfil do Cenpec. Mas ao criar uma fundação familiar com o nome de minha mãe, e ocupar a presidência, tive de assumir o lugar da filantropia. Não queria ser confundida com os super-ricos que fazem caridade, de visão assistencialista; tampouco desejava que a organização ganhasse o rótulo de fundação empresarial, isto é, atrelada à gestão e aos objetivos de uma empresa. Por melhores que essas iniciativas sejam, eu estava convicta de que poderíamos ter uma fundação familiar com características próprias. E o fato de ela não estar ligada a uma marca de mercado nos daria mais liberdade.

A ideia era atuar com desenvolvimento local, a partir dos princípios de justiça social e de participação cidadã, e sempre em busca de uma articulação com as políticas públicas. Escolhemos como foco o distrito de São Miguel Paulista, área pobre da zona Leste de São Paulo onde minha mãe concentrara seus esforços de ação social nos tempos de primeira-dama. Como integrante de uma família empresária do setor financeiro, eu passava a atuar como protagonista em uma periferia urbana de São Paulo, enfrentando as desigualdades sociais. Mais uma vez, eu me via em uma encruzilhada de contradições. Além disso, apesar dos meus esforços para desvincular as instituições, era comum que houvesse uma confusão entre a Fundação Tide Setubal e o banco Itaú.

Minha história é permeada por esse tipo de contradição. A possibilidade de viver em mundos distintos sem perder a coerência e a consistência foi algo que tive de construir. Busco superar esse dilema — talvez aparente mesmo para quem não me conhece muito — colocando o trabalho social como prioridade. Meu compromisso de vida é com um país justo, que garanta a todas as pessoas a possibilidade de uma vida digna. Essa direção esteve presente ao longo de toda a minha vida, em meu jeito de ser, fazer, educar e pensar. Acredito que só quando todos tivermos um país melhor, menos desigual e mais sustentável poderemos viver com liberdade, leveza e dignidade, sem ter de enfrentar tanta violência.

## *A Fundação: nossas referências*

Minha mãe, sua atuação e suas falas como primeira-dama foram referências no estabelecimento das diretrizes da Fundação Tide Setubal. Além de decidirmos trabalhar no mesmo distrito da zona Leste paulista onde ela atuou, optamos por seguir os mesmos princípios que traçou: a centralidade da ideia de desenvolvimento humano, a importância do envolvimento da comunidade nesse trabalho e a articulação constante com as políticas públicas. Além dessas referências, eu trouxe para a fundação meu olhar de socióloga e minha experiência de muitos anos em uma ONG que atuava em educação, cultura e assistência. Eu já estava engajada no ambiente da sociedade civil fazia tempo e tinha um jeito de atuar bastante participativo e "mão na massa".

Começamos olhando para a história do bairro: São Miguel foi um dos primeiros povoados do que é, hoje, a Grande São Paulo. Cresceu em torno da capela de São Miguel Arcanjo, construída em 1560 pelo padre José de Anchieta e considerada a mais antiga da cidade. Em 1622, a capelinha foi substituída por outra, hoje tombada pelo patrimônio histórico.

A inauguração da Nitro Química, do grupo Votorantim, em 1935, marcou a história do bairro. A oferta de trabalho atraiu muita gente, boa parte vinda de trem do Nordeste, sobretudo da Bahia. Em 1940, São Miguel tinha 7.634 habitantes, e a Nitro, 4 mil empregados. A empresa faz parte da história de vários moradores antigos do bairro, direta ou indiretamente. Alguns trabalharam na Nitro a vida inteira, seguindo carreira até se tornarem gerentes ou diretores. Muitos falam dela repetidamente, sempre com muito orgulho.

A empresa passou por crises e reestruturações a partir dos anos 1980, e em 2006 não tinha mais que quatrocentos funcionários. Com o declínio da indústria e a chegada de redes varejistas como as Casas Bahia e as Pernambucanas, São Miguel gravitou para o comércio, tornando-se um centro importante na região. Quando chegamos ao bairro, ele tinha quase 400 mil habitantes e serviços desiguais: contava com mais de cem instituições de ensino básico e infantil, entre escolas municipais, estaduais e Centros Educacionais Unificados (ceus), mas só tinha um hospital, o Tide Setubal, além de dezesseis unidades de saúde. Desde os anos 1970, a cultura marcava a história do bairro como fator de luta e mobilização, graças ao Movimento Popular de Arte, que reunia artistas visuais, poetas e músicos, e a uma pequena rede formada por Centro para Juventude (cj), Centros para Crianças e Adolescentes (cca), bibliotecas e clubes comunitários.

Nessa nova empreitada, alguns autores continuaram a me guiar — entre eles, mais uma vez, Hannah Arendt. E o filósofo e economista indiano Amartya Sen ajudou a definir o conceito de desenvolvimento. Prêmio Nobel de Economia em 1998, Sen afirma que, para promovê-lo, é preciso remover as grandes causas de privação de liberdade: a pobreza, a tirania, a ausência de oportunidade econômica, a destituição social sistemática e a negligência dos serviços públicos. Ele ressalta a importância da autoestima e o papel fundamental que as capacidades humanas assumem quando há liberdade suficiente para uma vida digna, com possibilidades reais de escolha. Situação difícil de ser alcançada em territórios de alta vulnerabilidade.

O conceito de desenvolvimento local que adotamos está fundamentado em um texto que escrevi em 2007, com o professor e pesquisador em educação Maurício Ernica. Nele, afirmamos que o desenvolvimento só existe quando os três valores que Sen considera centrais — igualdade, liberdade e democracia substanciais — tornam-se realidade concreta na vida de pessoas e de grupos. Reiteramos a importância da participação, do respeito à diversidade e da tolerância, e criticamos a desigualdade, o clientelismo e o patrimonialismo. Também sublinhamos a relevância de um Estado forte, capaz de implementar políticas públicas, e defendemos o empoderamento da sociedade civil:

> O fortalecimento da sociedade civil e a consolidação de uma vida pública democrática são importantes para a afirmação do desenvolvimento local porque, à medida que as comunidades locais são imbuídas de poder, elas aumentam sua capacidade de *reivindicar políticas públicas que universalizem direitos* e de *reivindicar a garantia de seus níveis de renda*, dois importantes vetores de desenvolvimento em nossa sociedade.

Desde o início da atuação em São Miguel, optamos por adotar uma visão ampliada de *desenvolvimento*, que ia muito além de pensar apenas ou simplesmente em renda, o que nos levou a diversas iniciativas que veremos mais adiante. Também estava claro para nós que o trabalho com periferias não poderia se limitar a ações altruístas ou voltadas só para os mais pobres, já que os problemas desses bairros afetam a cidade inteira, e as soluções, quando encontradas, podem beneficiar todos.

Diversos outros autores foram importantes nesse processo de pensar, entender e planejar nossa atuação. Com seu conceito de modernidade líquida, o sociólogo polonês Zygmunt Bauman nos mostrou a necessidade de quebrar paradigmas explicativos da sociedade e de buscar novos instrumentos de análise para entender processos correntes, como flexibilização, segregação, exclusão e individualização. Ele também nos alerta para as consequências de viver em um mundo onde impera a insegurança, a incerteza, o medo e a apatia, além da perda crescente do espaço comum.

O filósofo alemão Axel Honneth me ajudou a trazer para a análise a importância de reconhecer a dignidade pessoal de todos os indivíduos. Para ele, a qualidade moral das relações sociais não pode ser medida apenas em termos de uma distribuição justa ou equitativa de bens materiais. A ideia de justiça também deve estar conectada à forma como os indivíduos se reconhecem reciprocamente. Em outras palavras, para que haja justiça, as pessoas precisam se sentir vistas e reconhecidas umas pelas outras.

Essas referências e reflexões ganhavam força no contexto social e político que se estabeleceu no Brasil a partir da redemocratização, em especial nos dois primeiros governos de Lula (2003-10), quando a pauta social ganhou prioridade ainda maior. No governo FHC, eu já havia participado do Comunidade Solidária, programa idealizado pela socióloga Ruth Cardoso no período em que foi primeira-dama do país e voltado ao combate à pobreza extrema. Mas foi só em 2003 que se criou o Sistema Único de Assistência Social (Suas) e estruturas que fortalecem as políticas do setor, como os Centros de Referência de Assistência Social (CRAS), equipamentos públicos que oferecem serviços, programas e benefícios para prevenir situações de risco e fortalecer vínculos familiares e comunitários. Em 2004, foi criado o Bolsa Família, programa de combate à pobreza que se tornou referência internacional. O país intensificava o olhar para as suas periferias.

Esse deslocamento da visão para o campo social descortinou a falta de políticas públicas estruturantes para os territórios periféricos, assim como a ausência de metodologias para atuar com as populações vulneráveis. Isso abria uma grande oportunidade de ação para o terceiro setor, que vinha se expandindo desde o início dos anos 1990, no embalo da Constituição de 1988.

### *Chegando ao território*

Apesar de minha trajetória extensa e intensa na educação, a Fundação Tide Setubal trazia algo muito novo para mim. Havia uma diferença fundamental em relação à forma como trabalhávamos no Cenpec, onde desenvolvíamos projetos no escritório, na zona Oeste da cidade, fazendo incursões ocasionais em bairros e regiões para conhecer escolas e outros equipamentos públicos. Já o trabalho em São Miguel Paulista exigia compreender profundamente o lugar, escutar os moradores, respeitar seus costumes e valores. Assim, decidimos nos fixar por lá. Era fundamental estar no território e criar projetos a partir dele. Comecei a compreender o que é olhar para o centro das decisões a partir da periferia — de certa forma, como a experiência de olhar para a capital a partir do interior.

A Fundação Tide Setubal chegou a São Miguel Paulista em 2005. Em vez de construir uma sede própria, optamos por partilhar um equipamento com a comunidade local, o que se mostrou poderoso em termos simbólicos. A médio prazo, nos trouxe vínculos consistentes de confiança, contribuindo para o impacto social de nossos projetos.

De início, éramos uma equipe pequena: Mirene Rodrigues São José, gerente de desenvolvimento organizacional, e Marlene Cortese, coordenadora de projetos, que vieram comigo do Cenpec; Maria Helena e Iraci Domingos dos Santos, de serviços gerais, que se juntaram a nós em seguida; e Marcelo Ribeiro Silva, morador da região e filho de Natalícia Ribeiro Silva, que trabalhara com minha mãe e se tornara funcionária da Prefeitura. Era uma experiência inédita para todos, e estávamos ansiosos e cheios de vontade de realizar algo novo, que fizesse diferença para as pessoas do lugar. Sou muito grata a Marlene Cortese por ter acreditado nesse projeto desde o início. Seu apoio ao longo dos anos, com um olhar sempre atento às necessidades de cada um da equipe da Fundação, assim como de nossos parceiros, foi fundamental para o nosso desenvolvimento institucional.

Em termos institucionais, criei um conselho constituído exclusivamente por membros da família: minha cunhada, Rosemarie Nugent Setubal, meus irmãos, José Luiz Egydio Setubal e Olavo Egydio Setubal, e eu. Foi muito importante, para mim, contar desde o início com profissionais competentes, com a família e com minha filha. Era um crédito de confiança em uma fundação que levava o nome de minha mãe. Minha filha Tide estava voltando de um mestrado em psicanálise em Paris, onde havia feito estágios em organizações públicas que trabalhavam com adolescentes, e juntou-se à Fundação para fortalecer nossos projetos com jovens. Ficou conosco até 2009, quando se afastou para se dedicar exclusivamente à clínica, e voltou desde 2017, integrada ao conselho da Fundação.

Desde o início, apostávamos na potência do território e das pessoas que viviam nele e na ideia de trabalhar junto com elas. Graças à minha experiência no interior paulista, eu via esse potencial e valorizava o jeito local. Para conhecer melhor o contexto e as pessoas, contratamos o Instituto Brasileiro de Opinião Pública e Estatística (Ibope) para um mapeamento do perfil, dos interesses e das expectativas da população. Entre os resultados, destacava-se o orgulho que a maioria dos entrevistados (56%) dizia sentir por morar em

São Miguel. Também nos surpreendeu que 41% apontassem a educação como um dos pontos positivos da região, falando principalmente do número de escolas e creches. O comércio foi citado por 58% como outro aspecto forte do bairro.

Mas os moradores também apontavam problemas, como a falta de serviços de saúde (23%) e de opções de lazer (21%), assim como a segurança pública e a violência, questões que também apareciam bastante. Várias mães mencionaram o medo que sentiam quando os filhos passavam muito tempo na rua.

A pesquisa revelou que a população desconhecia a maioria dos equipamentos públicos culturais e esportivos do bairro — foram mencionados apenas os CEUs, equipamentos públicos que combinam educação, esporte e cultura, e o Sesc Itaquera — e as ONGs que atuavam na região. Foi interessante notar que as igrejas eram citadas como espaços importantes de busca de conforto e de paz; mas naquele momento não percebemos a importância que tinham e que ganhariam ao longo dos anos como lugar de socialização. Chamou nossa atenção, ainda, que a maioria das pessoas não se sentia responsável por cuidar do espaço público, tarefa que atribuíam inteiramente ao setor público.

Quando perguntamos às crianças quais eram seus sonhos, as meninas diziam que queriam trabalhar em lojas ou restaurantes e depois se casar. Já os meninos simplesmente não sabiam responder. Formar-se em uma faculdade quase nunca aparecia como opção — algo que mudaria bastante ao longo dos anos, com as políticas públicas de apoio à universidade pública e ao ensino superior em geral. Fizemos essa pergunta também aos adultos. Nos sonhos das mulheres do bairro, a família sempre estava no centro; algo que mudou ao longo do tempo, porque hoje em dia percebo nelas uma conscientização maior sobre suas possibilidades.

As informações nos ajudaram a definir a missão da Fundação: contribuir para o desenvolvimento local sustentável de São Miguel Paulista, buscando melhorias na qualidade de vida e na construção da cidadania da população, e tendo o empoderamento social da comunidade como eixo articulador. Definimos três objetivos estratégicos, focados em jovens e famílias, para planejar programas de atendimento que complementassem as ações do poder público, além de iniciativas de valorização do patrimônio material e imaterial local. Começamos a trabalhar lançando a ideia que se tornaria nossa marca: o território importa! Na Fundação Tide Setubal, fizemos questão de promover ações e políticas levando em conta a história, os valores, as características e a cultura da região.

A primeira iniciativa da Fundação em São Miguel foi a reforma de dois dos três equipamentos que levavam o nome de minha mãe: o CDC Tide Setubal, clube da comunidade local, ligado à Secretaria Municipal de Esportes, e o Hospital Municipal Tide Setubal, gerido pela Secretaria da Saúde e ainda hoje o único da região, que atende uma média mensal de 15 mil pacientes. O terceiro, a Escola Estadual Tide Setubal, estava bem conservada; fizemos contato com a diretoria e oferecemos apoios pontuais.

Embora ainda fossem referência para a comunidade, tanto o hospital como o CDC estavam em estado precário. Para a Fundação, recuperá-los e modernizá-los parecia uma forma de responder a algumas das demandas centrais da comunidade: na pesquisa, as pessoas haviam se queixado bastante da reduzida infraestrutura de saúde e da falta de opções de lazer. As obras também eram estratégicas porque ajudariam a sinalizar, de forma visível para todos os moradores, que estávamos atuando na região.

## *Um novo clube para a comunidade*

As periferias reproduzem a lógica da cidade: o centro tem boa urbanização, e à medida que nos afastamos dele as regiões tornam-se mais vulneráveis, verdadeiras periferias das periferias. O CDC fica no Jardim São Vicente, na região central de São Miguel Paulista, uma área residencial e bem urbanizada. É vizinho da praça do Forró, da capela de São Miguel Arcanjo, do Mercado Público Municipal Américo Sugai e do centro comercial que abastece a região.

Quando chegamos, o clube estava completamente largado, porque ficou anos sem manutenção. Embora ainda fosse usado pelo público masculino para jogar bola, era visto no bairro como ponto de tráfico e uso de drogas. A ideia da reforma foi recebida com resistência, pois havia o receio de que a Fundação assumisse uma atitude de dona da verdade, algo que não é incomum entre organizações de ação social que chegam às periferias. Os moradores de São Miguel também tiveram certa desconfiança em relação a nós, por não acreditarem que ficaríamos no bairro por muito tempo.

Tendo em vista esse contexto, chegamos com humildade, promovendo conversas para entender o funcionamento e os valores do território. A gestão dos CDCs da Prefeitura de São Paulo é compartilhada com a comunidade, por isso em São Miguel havia duas agremiações que cuidavam do clube: o bloco de Carnaval Vamo q Vamo e o time local, o Brasil Futebol Clube. Antes de começar a reforma, conversamos com suas lideranças, Irineu Augusto Souza Cândido, que atuava como um presidente informal do grupo de futebol, e Nelson Moreira da Silva, e conseguimos, com a Subprefeitura de São Miguel Paulista, que a Fundação fosse integrada ao grupo gestor do clube.

Para discutir com a comunidade o que deveria ser feito no CDC, chamamos também representantes de outras instituições do bairro para reuniões com o escritório de arquitetura que contratamos, comandado por Valéria Wey Barbosa de Oliveira. Mas esses encontros iniciais foram marcados por um sentimento de desconfiança. As pessoas emitiam opiniões evasivas, e não conseguíamos ter uma participação efetiva da comunidade.

Percebemos o óbvio: ainda éramos considerados estrangeiros. Mais do que isso, acreditava-se que havia interesses do banco Itaú por trás de nosso programa. Tivemos que trabalhar para desfazer os preconceitos, explicando, esclarecendo e ouvindo. No caso do CDC, as lideranças ficaram sempre no centro: nenhuma decisão era tomada antes de intermináveis conversas e negociações com o Vamo q Vamo e o Brasil F.C. Entendemos claramente que tudo aquilo era parte do trabalho: quando alguém chega a um território, tem a tarefa de construir laços de confiança e vínculos afetivos.

Diretamente envolvida nas políticas, questões e decisões relativas ao bairro, a Subprefeitura de São Miguel Paulista foi uma parceria muito importante no processo da reforma, desde as primeiras discussões. O município assumiu parte do custo do material de construção. O projeto arquitetônico incorporou sugestões da comunidade, que pediu vestiários maiores, melhorias no campo e uma quadra de futebol society.

O novo CDC foi inaugurado em março de 2006, na presença da comunidade local, do então prefeito de São Paulo e de outras autoridades. Ficou muito bonito: além da revitalização do campo e das quadras de futebol society e poliesportivas, ganhou um complexo para manifestações culturais e educativas, com espaço para oficinas, biblioteca, Telecentro — sala com computadores para uso da comunidade —, cantina, pátio interno, sala de reuniões, sala de documentação e memória. Novinho, com instalações hidráulicas e elétricas revistas, oferecia um espaço generoso, com amplas possibilidades de realização de eventos esportivos, culturais e sociais. Além disso, era seguro: as crianças e jovens que saíam da escola e ficavam pelas ruas tinham agora um lugar para ficar enquanto os responsáveis não estivessem em casa.

Levaria pouco tempo para que a comunidade começasse a aproveitar e a viver intensamente o espaço do novo CDC. O ponto de virada foi a festa junina que realizamos logo depois da inauguração. Muitos moradores se envolveram na organização, participando desde a produção de comida e decoração, o recolhimento de prendas, a montagem e o ensaio dos grupos de dança. Na festa, que foi um sucesso, o espaço ficou conhecido de adultos, idosos, crianças e jovens, que passaram então a frequentá-lo. Mais uma vez, a festa popular mostrava seu potencial social de afirmar o coletivo ao preservar e reavivar valores ligados à tradição e ao lazer.

Para a Fundação, era fundamental garantir a conexão do CDC com o território — uma questão de manter a coerência entre nosso discurso e nossa prática. Oferecer a estrutura não seria suficiente para fazer do clube um lugar central para a comunidade. Concluída a reforma, o próximo passo foi implementar uma agenda diversificada de atividades esportivas e culturais para atender moradores de todas as idades. O poder público esteve presente desde o início: em parceria com a prefeitura, instalamos ali um Telecentro, ou seja, um Ponto de Inclusão Digital, espaço que, além de oferecer acesso gratuito a quem precisa usar computadores conectados à internet, também promove cursos e atividades para a comunidade local. Mais tarde, em 2012, instalamos também um Ponto de Leitura no CDC, além de organizar programas voltados para jovens e famílias. A aliança também garantia aos times e atletas que treinavam no clube de São Miguel a participação em campeonatos esportivos municipais. Além disso, o CDC se integrou ao Clube Escola, projeto municipal voltado a ampliar o acesso de crianças e jovens ao esporte, à educação e à cultura.

Originalmente, o CDC era um local predominantemente frequentado por meninos e homens, centrado no futebol, e aprendemos que era preciso paciência e resiliência para romper a barreira do espaço masculino. Insistimos na inclusão de esportes como vôlei e basquete, para atrair as meninas e a comunidade em geral. Introduzimos também um programa dirigido exclusivamente ao público feminino: coordenado por minha filha, a psicóloga Tide Setubal, com apoio de Vivi Soranso, também psicóloga, o Menina-Mulher oferecia oficinas para adolescentes com temas como família, sexualidade, drogas, trabalho, corpo, cidadania e identidade. O sucesso foi tal que acabamos por transformá-lo no programa Mundo Jovem, aberto aos meninos. Até então, eles usavam o campo de futebol e iam embora, mas passaram a explorar os espaços do clube e a participar de outras atividades, estabelecendo conversas e aprendendo formas diferentes de socializar.

Tião Soares, então nosso coordenador de cultura, criou o Encontro de Cultura Caipira, com comidas típicas, quadrilha, apresentações de dança de diferentes regiões do estado e um grande baile final — que se repetiu por dez anos e hoje integra a festa anual que o bairro promove no Dia de São Miguel. A atividade foi um chamariz importante, assim como a programação cultural dos fins de semana em torno do Telecentro e do Ponto de Leitura. Tudo isso ajudou a criar um ambiente mais aberto no CDC, atraindo para o clube um número cada vez maior de pessoas do bairro.

PARA desenvolver os projetos que desenhamos em São Miguel — ligados a esportes, cultura, juventude e famílias —, criamos equipes compostas majoritariamente de pessoas da região. Recorremos à universidade local, a Cruzeiro do Sul (Unicsul) e falamos com lideranças e ONGs a fim de nos aproximarmos da comunidade local. As pessoas foram chegando. Desse processo resultou, de forma orgânica, uma equipe com mais de metade de pessoas negras e nascidas nas periferias. Além de construir vínculos de confiança e participação com a comunidade, foi uma forma de reafirmar nossa crença na potência do território.

Logo criamos um programa intensivo de capacitação para a equipe. Uma vez por semana, trazíamos professores e representantes de ONGs, fundações e do poder público para falar de periferias, desigualdade, violência, política, cultura e outros temas diretamente relacionados àquele território. A capacitação era uma via de mão dupla, já que o tempo todo aprendíamos com a equipe sobre os modos de vida das periferias e sobre como ajustar o nosso olhar, a nossa escuta e o nosso entendimento quanto aos valores e costumes locais. Nessa época, eu ia três vezes por semana a São Miguel.

Com o objetivo de ampliar a participação da comunidade nas decisões sobre o CDC, logo no primeiro ano criamos o Conselho Consultivo do clube. Muito atuante, o grupo agregava representantes da Associação Comercial, da Igreja, do hospital municipal, do Conselho Comunitário de Segurança, do Rotary e da Sociedade Amigos do Jardim Lapenna, entre outras organizações. Esse processo de criar o conselho foi desgastante para mim e para a equipe da Fundação, mas nos ensinou lições importantes sobre o cotidiano de uma periferia de São Paulo — lideranças, valores, modos de vida, o poder público local, comunidades, necessidades e potências.

Algumas vezes tivemos de quebrar paradigmas, em especial a forma clientelista de lidar com as questões públicas, algo que acontece em todas as instâncias de poder no Brasil e que se reflete nas culturas locais. Ao abrir vagas em projetos desenvolvidos em parceria com a prefeitura, a Fundação enfrentou casos de favorecimento de conhecidos (ou protegidos) das lideranças locais. Quando essas diferenças de cultura apareciam, precisávamos conversar até chegar a um consenso.

Lembro-me de uma vez em que criamos um comitê para entrevistar e selecionar candidatos a uma bolsa de estudos. Os critérios haviam sido acordados e divulgados entre todos, porém, quando a lista dos vencedores foi exposta no mural do CDC, houve revolta: vários conhecidos e parentes de lideranças haviam ficado de fora. Obviamente, mantivemos as escolhas. Com o tempo, a prática de seguir critérios objetivos se institucionalizou.

A beleza de observar a forma como esses processos se desdobram e evoluem é entender que, no diálogo e nas negociações, todos aprendemos como fazer valer os princípios. As trocas de argumentos vão sendo incorporadas e, com o tempo, prevalece a escolha que beneficia todos. De nossa parte, a busca era conhecer as necessidades e a cultura locais e, de forma conjunta, com base em muita escuta, interlocução e responsabilidades mútuas, chegar a consensos. Um constante fazer e refazer.

AOS POUCOS, a comunidade foi se apropriando do CDC, e a diversidade passou a se expressar de forma intensa na vida cultural do clube. Para subsidiar nossas iniciativas e desenvolver projetos destinados aos jovens, criamos uma área de comunicação no CDC, coordenada inicialmente pelo jornalista Judi Cavalcante e depois pela jornalista Fernanda Nobre. Os encontros de hip hop realizados no clube ficaram famosos na região. Com muros pintados por artistas de rua do bairro, aconteceram diversos saraus literários com e para jovens, além de rodas de samba que receberam grandes nomes, como o compositor carioca Monarco.

Em 2010, criamos o Festival do Livro e da Literatura de São Miguel (Felili), iniciativa a princípio pequena, voltada a estimular a leitura e a promover localmente o acesso ao livro e à literatura. Com o tempo, o festival cresceu e se incorporou à agenda cultural do município: realizado anualmente no CDC até hoje, em novembro, o Felili já recebeu autores como Ignácio de Loyola Brandão, Paulo Lins, Ana Maria Gonçalves e Djamila Ribeiro. Nas primeiras edições, fizemos campanhas para arrecadar livros. Aceitávamos títulos novos e usados, desde que não fossem didáticos. Os livros que conseguíamos reunir eram doados a escolas e bibliotecas locais, distribuídos pelas praças do bairro e até pendurados nas árvores, onde ficavam à espera de leitores. Por isso, nós os chamamos de Frutos Literários.

A programação se espalha por diversos pontos do bairro, com apresentações teatrais, rodas de conversa com autores, saraus, *slams*, rádios de rua, contação de histórias e debates. Participam escolas públicas, coletivos locais, instituições culturais e de ensino, autores. Construção coletiva das diversas instituições do bairro, o Felili cresce ano após ano. A partir de 2015, o festival passou a ter um tema agregador, que norteia as atividades e mesas literárias: o primeiro foi "Diferentes Vozes para Construir Histórias". Em 2016, "Narrativas de Gênero: Feminino, Feminismo e Outras Histórias"; em 2017, "Letras Pretas: Poéticas de Corpo e Liberdade". Em 2018, o Felili recebeu o Circuito Literário nas Periferias (Clipe). Dessas temáticas, nasceriam discussões e formulações que, a partir de 2019, alimentaram novos programas da Fundação.

O CDC também acolheu o Centro de Pesquisa e Documentação de São Miguel (CPDOC), que nasceu do projeto São Miguel Paulista e Brasileiro, desenvolvido pela Fundação entre 2006 e 2007 para formar jovens pesquisadores sociais. Eles reuniram registros da memória oral dos moradores sobre a história do bairro, além de fotos e vídeos. O CPDOC abrigou esse acervo e passou a oferecer formação em memória audiovisual e videodocumentário, ensinando os jovens a registrar e a divulgar histórias do bairro. A partir de 2008, o CPDOC passou a ser coordenado por Mauro Bonfim. Em 2009, ganhou menção honrosa no prêmio Milton Santos, da Câmara Municipal, por contribuir para a ampliação dos direitos territoriais e culturais dos cidadãos de São Miguel. Mais tarde, o acervo seria doado ao Centro de Memória Urbana (CMUrb) do Instituto das Cidades da USP Leste.

### *Aprendendo com os territórios*

A inauguração do CDC foi o início formal de nossa atuação em São Miguel. Além de cuidar das atividades no clube, mantendo-o ativo e útil, a Fundação seguiu buscando estabelecer diálogos com as organizações do bairro. Para mim, foi uma experiência pessoal muito rica: além de conhecer diferentes trabalhos, tive o privilégio de interagir de forma intensa e continuada com os mais diversos atores sociais — pessoas ligadas a clubes de futebol, organizações de catadores, agentes de saúde, lideranças da Igreja católica, do Rotary, da Associação Comercial local, de organizações culturais, de escolas. (Hoje, noto que não havia nenhuma liderança evangélica entre os nossos interlocutores; acho que não percebíamos que elas ocupariam espaços cada vez maiores nas comunidades.)

Nesses encontros, que tinham São Miguel como pauta comum, consegui sintetizar inúmeros aprendizados e estabelecer relações de afeto na troca de cotidianos. Pouco a pouco, fui adentrando na vida dos outros territórios compreendidos pelo distrito e pela Subprefeitura de São Miguel Paulista, como Vila Jacuí, Jardim Pantanal e Jardim Lapenna. Nesses bairros ainda há ruas de terra, cavalos pastando, mascastes que vendem todo tipo de mercadoria. Ao mesmo tempo, há centros urbanos tomados por carros, asfalto, metrô e ônibus. Diferentes temporalidades se combinam em seus espaços, numa unidade multiforme de facetas que convivem e constituem uma pequena amostra das desigualdades e contrastes do Brasil.

Em 2006, concluímos a reforma do Hospital Tide Setubal, com apoio do banco Itaú. Depois da obra, a Fundação manteve-se próxima dos dirigentes do equipamento, apoiando o programa de voluntários desenvolvido no hospital. Também faríamos a restauração da capela de São Miguel Arcanjo, graças a uma parceria com a Igreja. Construída em 1560, reconstruída em 1622 e tombada pelo patrimônio histórico em 1938, com peças do século XVII — atribuídas a artesãos indígenas e jesuítas —, a capela é uma joia da memória de São Paulo, embora continue desconhecida da maior parte da população.

Eu me envolvi muito com o restauro, que também foi financiado pelo Itaú, entre outras empresas. Acompanhei as várias etapas da reforma, a reinauguração da capela, a abertura ao público. Almocei várias vezes na diocese, com o padre Geraldo Antônio Rodrigues e outros religiosos. Em conversas muito agradáveis, eles me falavam das iniciativas que promoviam com os jovens de São Miguel para formar guias de visitação à capela.

Também acompanhei de perto a reforma do Mercado Municipal Américo Sugai, que nasceu de uma sugestão do Conselho Consultivo do CDC. A ideia das lideranças locais era fazer do espaço, inaugurado em 1967, um centro de convivência social, cultural e comercial, valorizando o patrimônio material e imaterial da região. Depois de muitas reuniões e articulações com os diferentes interessados — e da discussão de um projeto arquitetônico doado por Ruy Ohtake —, a reforma foi realizada com recursos de duas emendas parlamentares propostas por deputados da região. Ainda que sem a dimensão ampla da ideia inicial — não houve verba suficiente para realizar o projeto integralmente —, hoje o mercado é um dos principais centros de abastecimento de São Miguel.

Minha agenda envolvia conversas com figuras tradicionais em São Miguel, ligadas à Igreja, à Associação Comercial, à maçonaria e a outras instituições relevantes para a comunidade, além de almoços e festas no Rotary. Entre as pessoas que conheci, lembro-me especialmente do padre Ticão, Antonio Luiz Marchioni, figura emblemática de São Miguel que morreu em 2021. Foi uma felicidade ter feito tantas parcerias com ele, atuando a seu lado em vários momentos importantes para a região. Fizemos, por exemplo, diversas reuniões na paróquia de Ermelino Matarazzo, com o padre Ticão e representantes da comunidade e do governo federal. O padre lutou de forma aguerrida para trazer uma universidade pública para a zona Leste, o que acabou se realizando com a abertura da USP Leste, o campus da Universidade de São Paulo em Guarulhos, em 2005, e do campus Leste da Universidade Federal de São Paulo (Unifesp), em 2016 — outros projetos ainda estão no papel.

O ESPAÇO DO CDC já estava consolidado em 2013, quando o professor da USP Fernando Haddad, que havia sido eleito prefeito de São Paulo um ano antes, depois de sete anos como ministro da Educação, propôs a criação dos Territórios CEUS. Era uma política pública de educação que ampliava os CEUS, integrando esses equipamentos aos do território. Criados em 2002, os CEUS são equipamentos que reúnem escolas regulares e espaços de lazer, esporte e cultura, promovendo atividades gratuitas e extensivas às comunidades à sua volta. Nascem de uma ideia de educação integral e de desenvolvimento local. O CDC não era um CEU, mas sua concepção se articulava totalmente com o modelo. Além disso, o clube ficava em frente a uma escola de Ensino Fundamental, a uma creche e a um equipamento municipal esportivo com piscinas e espaço para atividade física.

A ideia de reformar o complexo, integrando-o num Território CEU único, se enraizou. Mas a comunidade resistia. Os moradores de São Miguel sentiam-se donos do CDC e temiam que o equipamento integrado não fosse tão acessível, pois a experiência com os CEUS que a Secretaria de Educação havia implantado na região não tinha sido tão positiva — eles tinham dificuldade de acessar os espaços, por causa de entraves burocráticos.

Após muitas reuniões, decidiu-se manter inalterado o campo de futebol do CDC e seguir com o projeto. A prefeitura começou a encaminhar as obras, que não tiveram a participação da Fundação. Infelizmente, por causa de trâmites e atrasos de diversas ordens, o Território CEU só seria inaugurado em 2022. Com gestão a cargo do Instituto Baccarelli, que também é responsável pelo Projeto Guri, programa estadual de formação musical para crianças e jovens, hoje o Território CEU é um espaço aberto à comunidade, onde acontecem eventos do território e inúmeras atividades, voltadas a todas as faixas etárias. Essa história ilustra como uma ação do investimento social privado pode dar um salto na direção das políticas públicas, transformando-se em algo maior, que impacta a vida de mais gente.

## *Rumo ao Jardim Lapenna*

A experiência com o CDC mostrou que a atuação cultural era uma estratégia-chave para realizar a missão social da Fundação Tide Setubal em São Miguel. Em 2006, estabelecemos uma parceria com a Sociedade Amigos do Jardim Lapenna para reforçar essa ação no bairro, construindo ali um Galpão de Cultura e Cidadania. A Nitro Química doou as instalações do galpão, que antes era usado pelos funcionários para festas e comemorações; o material foi uma contribuição do clube dos funcionários da empresa. Como acontecia no CDC, a gestão seria compartilhada pela Fundação, a comunidade local e a prefeitura.

Nessa empreitada, uma figura tornou-se um parceiro muito próximo: o presidente da Sociedade Amigos do Jardim Lapenna, José Nário Pereira dos Santos, conhecido como Narinho. Embora tivéssemos modos bem diferentes de atuar, eu gostava muito dele e ele de mim. Conversávamos com frequência, em tom informal

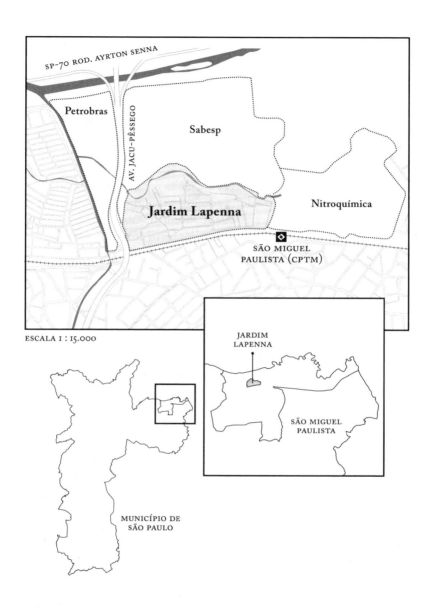

*O Jardim Lapenna, território imprensado entre pistas, indústrias e a linha de trens metropolitanos, em São Miguel Paulista, na zona Leste de São Paulo*

e afetuoso, havia um respeito mútuo. Ele me ensinou muito sobre as lideranças do passado, sobre como atuavam e dominavam os territórios. Sua morte, em 2013, foi uma grande perda. A parceria entre a Fundação e a Sociedade Amigos do Jardim Lapenna segue ativa até hoje.

Diferentemente do Jardim São Vicente, onde fica o CDC, Lapenna é uma região altamente vulnerável. Em um artigo, descrevi minhas impressões ao chegar ao bairro:

> A paisagem pode ser plana ou configurada por morros, ladeiras ou vielas, em geral, com corredores estreitos e compridos, onde moram diferentes famílias em casas que se sucedem sem muita demarcação. Outras vezes, as casas se amontoam perto de um rio ou represa, sempre em áreas ilegais, sem condições mínimas de habitabilidade.
>
> Asfalto ou terra cobrem as ruas sem um planejamento básico de urbanização; predomina o acinzentado dos blocos ou o alaranjado dos tijolos, o que contribui para a monotonia da paisagem, quebrada pelos grafites e pichações dos muros. Um vaivém de gente pelas ruas circulando em meio a muito lixo espalhado, trechos com esgoto a céu aberto e passagens clandestinas. [...]
>
> Aos domingos, o campo de futebol, com os bares localizados estrategicamente nas proximidades [...]. E também as inúmeras igrejas católicas e evangélicas que povoam o bairro.

Instalado em 2008 em um galpão de quinhentos metros quadrados, com palco e salas para oficinas e atividades comunitárias, o Galpão de Cultura e Cidadania teve coordenação de Inácio Pereira dos Santos Neto, sucessor de Tião Soares na área de cultura. Com o tempo, tornou-se um equipamento central no bairro: além de oferecer espaço de leitura, programas socioeducativos e oficinas de formação para jovens em campos como comunicação, cultura, música, luthieria e teatro, é a sede local do Festival do Livro e da Literatura de São Miguel e das festas juninas e eventos da comunidade: batizados, aniversários, casamentos e até velórios. Hoje é chamado de Galpão ZL.

Por dez anos, o Galpão abrigou o Programa Ação Família, coordenado inicialmente por Vera Scognamiglio e depois por Lucia

Amadeo, com apoio de Wagner Silva, o Guiné, em parceria com a prefeitura de São Paulo e com o Instituto Alana, que atua no Jardim Pantanal, no distrito do Jardim Helena, ao lado de São Miguel. Voltado a famílias vivendo em situação de média a alta vulnerabilidade, o programa promovia reuniões socioeducativas quinzenais, além de visitas domiciliares, oficinas de geração de renda e atividades de lazer, como passeios. Nas reuniões, de caráter formativo e informativo, havia debates sobre relações familiares, saúde, álcool, drogas, descarte de lixo. O objetivo era estimular o protagonismo das famílias e sua participação na comunidade, e também melhorar sua qualidade de vida e o acesso aos serviços públicos.

O programa começou atendendo trezentas famílias, e chegaria a mil até 2016. Sintetizamos os resultados no livro *Famílias e conexões territoriais: Uma experiência no enfrentamento das desigualdades na zona Leste de São Paulo*. Também lançamos um guia sobre a metodologia usada para estruturar reuniões e atividades comunitárias. Ambos foram publicados em 2016.

Para nós, um dos legados mais importantes do Programa Ação Família foi ter semeado a prática dos encontros culinários e do ensino da gastronomia no Galpão. Quando oferecemos o curso Alimente-se Bem por R$ 1, em parceria com o Sesi, que trouxe seu caminhão-oficina, vimos um intenso interesse das famílias. Então captamos recursos para montar uma cozinha industrial no galpão e criar nossa Oficina Escola de Culinária, que começou com cursos básicos e hoje oferece formação na área, tendo se tornado referência em toda a região.

Sei que sou suspeita para falar dos projetos da Fundação. Acompanhei cada um deles desde as discussões iniciais, vi o desenho ganhar forma e reconheço a beleza e a potência de todos. Mas a Oficina Escola de Culinária é um dos projetos que mais me emocionam. Embora a geração de renda fosse importante, essa ação sempre teve como fundamento algo maior, a ideia de que a cozinha é lugar de conversa, empoderamento e transformação. Na prática, foi isso mesmo que vimos: ao se sentir competente, a mulher se abre para novas possibilidades. Ou, como disse uma participante: "Cozinhar é um ato de entrega para o outro, é afeto que se multiplica. A cozinha é um caminho de possibilidades, um lugar da imaginação,

A equipe do Galpão Lapenna: no alto, da esquerda para a direita, Paloma Borges, Mirene Rodrigues, Viviane Soranso, Joyce Almeida, Gaya Vieira, Kelly Juremeira, Celso Silveira, Fabiana Tock, Maria Alice Setubal, Pedro Marin, Antonia Marlucia Gomes, Wagner Luciano da Silva (Guiné), Mariana Almeida, Marcelo Ribeiro Silva, Kátia Ramalho Gomes, Sabrina Duarte, Andrelissa Ruiz e Thiago Cassimiro. Na fileira da frente, Amauri Eugênio Jr., Kenia Cardoso, Laís Guizelini, Vânia Silva, Francisca Mailde Chagas, Iraci Domingos dos Santos, Carlos Rodrigues Marques, Fernanda Nobre e Emerson Oliveira Silva da criação, do cuidado, de transformar a vida, de se refazer, se redescobrir, recomeçar". Esse depoimento me remeteu a Sueli Carneiro, que é sempre uma inspiração para mim, como mencionei na apresentação deste livro.

Enquanto cozinhavam na oficina, as mulheres trocavam experiências, tristezas, alegrias e conquistas, e percebiam que não estavam sós, que podiam ser parte de um coletivo, de uma luta conjunta. Como ressalta Sueli Carneiro, foi nos espaços historicamente confinados às mulheres que aprendemos a compartilhar as dores e que aprendemos uma solidariedade e uma sociabilidade desconhecidas a quem não foi educada para cuidar, para o cuidado dos outros.

Isso é muito poderoso, capaz de mudar os rumos da vida. Foi o que aconteceu com Sabrina Duarte. Depois de muitas idas e vindas na Oficina Escola de Culinária, ela se interessou e se engajou em outros cursos oferecidos no Galpão, entrou na faculdade, fez estágio na Fundação e ficou responsável por um tempo pelo setor de culinária em nosso programa de prática local.

A jornalista Ana Holanda explica, no livro *Cozinha de afetos: Dez anos de temperos, memórias e histórias no Jardim Lapenna*, que registra histórias e reflexões de educadores e frequentadoras:

> A oficina não nasceu apenas para ensinar a cozinhar, mas para ser uma rede de apoio, de escuta, de acolhimento — feito passarinho que precisa se refazer no ninho para, depois de fortalecido e alimentado, poder voltar e voar. É sobre crescer, saber, conhecer, aprender mais sobre elas mesmas, sobre sua capacidade de realização e, assim, munidas de tantas certezas, seguir com mais garra, coragem e amor por elas mesmas e pelo outro. Porque como bem acredita Mara Salles, a comida é também uma conexão com a vida.

Também me comove o que vi no Ponto de Leitura do Galpão do Lapenna, outro subproduto do Programa Ação Família. O interesse das famílias pelos livros infantojuvenis disponibilizados nas reuniões do projeto mostrou a falta que fazia uma biblioteca no bairro. Buscamos então uma parceria com a Secretaria Municipal de Cultura para criar o Ponto de Leitura, que não demorou a se transformar em outro espaço empoderador.

Que o diga Antonia Marlucia Martins Gomes, a Malu, como é conhecida por todos. Cearense, ela chegou a São Paulo com três anos. Sempre morou no Jardim Lapenna, mas não gostava do bairro e não queria conhecer ninguém, por isso vivia trancada em casa. Em 2009, cursando a graduação em pedagogia, soube do Programa Ação Família. Resolveu se inscrever. Nas reuniões, ouvindo as histórias dos moradores, perdeu o preconceito em relação à comunidade. No fim do ano, foi convidada a fazer estágio no recém-criado Ponto de Leitura e depois passou a ser responsável pelo espaço, que chama de Ponto de Luz. Diz que percebe, agora, que vivia numa bolha. No Galpão, estourou a bolha e se transformou.

O Ponto de Leitura ainda é a pulsação viva do Galpão ZL. Todo ano, ele se destaca como um dos mais frequentados dos onze Pontos que existem em São Paulo. Com acervo de 8 mil livros para empréstimo gratuito, atende crianças, jovens e adultos de todas as idades, com atividades em parceria com a rede pública, os centros de educação infantil locais, a comunidade, outros bairros, outras cidades, outros países.

"Pode tocar o livro, folhear, trocar uma ideia. É um espaço de encontro. Tem gente que vai de curiosidade, conversa. Primeiro, criamos um vínculo com a pessoa para, depois, oferecer um livro. Tem gente que apelidou o espaço de 'ponto terapia'", diz Malu, que o tempo todo promove ações para mobilizar a comunidade de leitores: saraus, contação de histórias, concursos, trocas entre bairros ou cidades. Para ela, tudo é motivo para despertar nas pessoas o amor pelos livros. Uma de suas maiores satisfações é ver meninos que não liam nada e hoje frequentam o Ponto de Leitura e entraram na faculdade.

Depoimentos de quem frequentou o Ponto de Leitura descrevem o lugar como um respiro em meio à dureza da vida, um espaço que abre um mundo de possibilidades:

> Lá me conectei comigo mesmo, me senti feliz novamente. É um cantinho aconchegante, posso ler e me encantar, ouvir e sonhar. Para interagir, o melhor lugar é aqui. Quando a gente lê, tira alguns medos da gente. Os livros são uma forma de encontro, de não ser tão sozinha. Com os livros sei que posso ser mil pessoas, morar em mil lugares.

## *Novos contornos*

Em 2010, a atuação cultural da Fundação Tide Setubal ganhou novos contornos com o lançamento de editais para apoiar organizações locais com atuação nos nossos eixos prioritários — desenvolvimento local sustentável, qualidade de vida, empoderamento social da comunidade, jovens e famílias, valorização do patrimônio material e imaterial do bairro. Foi um jeito de fortalecer as instituições do território. Mais adiante, os editais seriam uma prática constante da Fundação, que nos últimos anos tem apoiado projetos liderados por pessoas negras nas periferias.

Temos um orgulho imenso dos jovens, das mulheres e dos homens que passaram por nossos projetos e se beneficiaram das várias oportunidades que eles abriram. Também nos orgulham as instituições que capacitamos e que se fortaleceram nesses anos, assim como as políticas públicas que resultaram de esforços relacionados direta ou indiretamente à Fundação Tide Setubal. Das discussões do Fórum dos Moradores do Jardim Lapenna, coordenado por José Luiz Adeve, conhecido como Cometa, espaço de debate público que criamos, resultaram novas creches e escolas infantis, uma Unidade Básica de Saúde (UBS), uma estação da Companhia Paulista de Trens Metropolitanos (CPTM), o Plano de Bairro e caminhões de lixo ecobaby, que são menores que os caminhões usuais e conseguem transitar pelas ruelas estreitas do bairro.

Com reuniões mensais em que moradores e poder público debatem questões emergentes e crônicas da localidade, o Fórum de Moradores do Jardim Lapenna tornou-se um espaço formador para a comunidade. Vários gestores políticos — prefeitos, secretários e assessores — estiveram lá para ouvir os moradores e conversar sobre as demandas da região. Os jovens que compõem o Fórum, importantes parceiros, criaram o jornal comunitário *A Voz do Lapenna* e produziram audiovisuais sobre questões locais, como o saneamento básico e o descarte de resíduos sólidos.

O Fórum, que acontece no Galpão ZL, já tem uma história de intervenção efetiva na realidade do território, por ter contribuído para criar melhorias e suprir necessidades da população. Essas conquistas demandaram estudo e mobilização. A ideia do caminhão ecobaby resultou de um trabalho de educação ambiental; as creches foram fruto da pressão da comunidade sobre o secretário de Educação, de muitas visitas e debates na secretaria. Também foi preciso persistência para incluir a estação local no plano da linha Safira da CPTM, que pelo projeto inicial passaria ao largo do bairro, isolando-o ainda mais, e para aprovar a emenda parlamentar que resultou na construção de uma UBS e na implantação do Programa Saúde da Família.

O Fórum de Moradores mostrou à população do Jardim Lapenna que a facilidade com que um assessor se dispõe a levar as demandas de uma comunidade aos políticos responsáveis não equivale a uma resposta concreta; muitas vezes, não passam de promessas não cumpridas. Ficou claro também que a força da comunidade unida, pressionando por políticas públicas, produz efeitos concretos e duradouros.

Diante dos desafios crônicos e das demandas de infraestrutura que cresceram a partir de 2013, quando houve um salto populacional na região, em 2016 propusemos ao Fórum uma reflexão: "O que você sonha para o seu bairro?". Esse mapeamento simbólico dos desejos de mudança de instituições e moradores acabou por incitar o Fórum a elaborar o Plano de Bairro do Jardim Lapenna. Embora seja pouco conhecido e pouco acionado, o Plano de Bairro é um instrumento de planejamento urbano previsto no Plano Diretor Estratégico do município, com o propósito de incentivar a população a pensar em ações de melhoria no bairro, estabelecendo diretrizes e metas.

Para levar a ideia adiante, fizemos uma parceria com a Fundação Getulio Vargas (FGV), que estudou os indicadores e conversou com representantes de instituições locais para chegar a um panorama realista dos desafios do Lapenna. Em um processo conduzido por nós e pelo comitê gestor do Plano de Bairro, esse panorama foi apresentado à população em encontros e oficinas. Com ideias e prioridades ouvidas e formuladas, em dezembro de 2017 o Fórum apresentou o Plano de Bairro do Jardim Lapenna ao Conselho Municipal de Política Urbana de São Paulo. O Lapenna tornou-se exemplo para outros bairros que querem realizar seu planejamento participativo.

### *Vozes dos territórios*

Tecer a rede
Escutar/ mudar de lugar
Furar as bolhas
responsabilizar-se pelo outro
a história é de cada um
o movimento é do todo

> Da série de vídeos *Enfrente*, realizada pela Fundação Tide Setubal para dar voz a iniciativas de enfrentamento das desigualdades nas periferias de São Paulo

O ser humano sempre contou histórias. Quando narramos as nossas e ouvimos as alheias, descobrimos que não estamos sós. Compartilhamos algo com o outro. Criamos um espaço comum, percebemos diferenças e afirmamos singularidades. O mais bonito desse processo é a possibilidade de nos fortalecer, de usufruir da escuta do outro e de exercer a própria escuta, de nos tornarmos visíveis e de dar visibilidade ao outro. De entrar em diálogo.

Nesse percurso da Fundação Tide Setubal, inúmeras pessoas participaram de nossos projetos, descobriram-se no mundo, encontraram raízes, voaram. Para minha alma de educadora, nada é mais emocionante do que acompanhar esse processo. Irineu Augusto Souza Cândido é uma dessas pessoas que conheço desde o primeiro contato com a Fundação. Ele é um dos gestores do CDC. Tivemos uma relação difícil com ele no início, fomos aprendendo a negociar a cada etapa. Ele mesmo reconhece:

> É óbvio que vem a ciumeira, a sensação de perder algo, você estranha a transformação. Mas é como eu costumo dizer para todo mundo: o progresso chega e a gente tem que andar pra frente. [O CDC] ficou fantástico, coisa de Primeiro Mundo. Até hoje meus amigos que vão conhecer acham que é particular, que não é espaço público, aberto

pra todo mundo. Meu sonho começou com um castelinho de areia e se transformou em um castelo de melhorias para toda a comunidade.

Lembro de dona Glória, do Jardim Lapenna, dizendo que com a Fundação aprendeu a reivindicar: até então, segundo ela, eles não sabiam como fazer isso. Penso na Kátia Ramalho Gomes, que nasceu no Itaim Paulista, perto de São Miguel, aproximou-se da Fundação para fazer um curso de comunicação comunitária, virou estagiária e está conosco até hoje, sempre engajada nos territórios periféricos e no combate às desigualdades.

Tenho um forte vínculo com meu lugar de origem, porém foram especialmente as experiências que tive ao longo da vida que permitiram que eu me visse como cidadã, como sujeito de direitos e de deveres. E isso me faz sentir que não pertenço a um só bairro, mas a uma cidade, a um país, a um mundo.

Há muitas outras histórias sobre a Fundação Tide Setubal. Incríveis, elas são testemunhos de nosso contexto brasileiro periférico, diverso e excludente e, ao mesmo tempo, potente, forte e alegre. Que supera, tem garra e vai à luta. Tudo junto e misturado.

### *Dez anos*

A importância do vínculo afetivo nas interações com comunidades e territórios se traduz na construção da confiança, que demanda abertura e aprendizagem de parte a parte. Alguns aspectos concretos ajudam: presença no território, integração de moradores na equipe, coerência de valores e princípios, entrega de resultados. Mas a aproximação é um processo, e também passa por abraços, conversas acolhedoras, um cafezinho. A presença física no território e o compartilhamento da gestão do CDC e do Galpão do Lapenna foram e são a nossa garantia de legitimidade. É assim que nos mantemos próximos da realidade, algo que se retroalimenta da experiência e das ações.

Em nossas iniciativas, sempre buscamos fortalecer a institucionalização de outras organizações e de lideranças locais, por meio de editais e formações, e também articulando a mobilização dos moradores, para gerar protagonismo. Tudo isso passa pela capacitação da equipe, seja oferecendo formação continuada, seja incentivando cada um a fazer cursos com o nosso apoio. As parcerias ajudaram a levar as questões da periferia para o centro das decisões e a melhorar o acesso dos territórios periféricos aos serviços urbanos.

A busca por um país justo, com oportunidade para todos e melhores condições de vida nas periferias, me levou a assumir publicamente a defesa de políticas públicas voltadas aos territórios de maior vulnerabilidade social, sobretudo nos campos da educação, da saúde, dos esportes, da juventude, da cultura, da assistência e dos transportes, em diálogo com os criadores dessas políticas públicas, para que a população seja atendida com dignidade e exerça a sua cidadania. Assim aconteceram inúmeras reuniões com a comunidade de São Miguel, como contei antes ao falar do CDC e do Galpão, por exemplo, e também das parcerias e colaborações com a Associação Comercial, as dioceses de São Miguel e Ermelino, a Subprefeitura e tantas outras organizações.

Atuar nas periferias implica disponibilidade para pôr a mão na massa, sentar-se junto, sentir-se igual na luta. É preciso uma equipe que articule parcerias e que saiba dialogar e negociar com o poder público e as empresas locais. Mais do que tudo, uma equipe que seja engajada e comprometida, entendendo que a liderança cabe à comunidade: nós, da Fundação, somos apenas o apoio, a âncora, a ponte. Tudo isso se constrói a longo prazo, com confiança, dedicação e compromisso político.

O desenvolvimento local sustentável é uma construção conjunta e resulta da participação ativa dos envolvidos. O território importa, como fazemos questão de afirmar na Fundação Tide Setubal. Para conhecer suas potencialidades e demandas, é fundamental exercitar a escuta ativa e o diálogo permanente. Entender, na prática, que o território não é só geográfico ou histórico; é também sociológico, psicológico, cultural. Ao longo dos anos, compreendemos de modo bem concreto a importância de olhar para essas dimensões do território. Isso traz uma riqueza incrível à experiência.

Celebramos os dez anos da Fundação Tide Setubal em 2016, com o seminário Cidade e Territórios: Encontros e Fronteiras na Busca da Equidade. Na abertura, destaquei o quanto aprendi no diálogo emocional, intersubjetivo, ético e relacional com a comunidade. Esse exercício me ensinou a prestar atenção a detalhes do cotidiano e a observar os diferentes — e às vezes inesperados — arranjos criados pelos moradores do território. Aprendi a valorizar as saídas criativas que surgem no dia a dia. Foi assim que São Miguel Paulista passou a fazer parte de mim e de minha concepção de mundo.

Na Fundação, sempre nos preocupamos em sistematizar e disseminar os nossos aprendizados, por isso produzimos livros, artigos e vídeos que ficam disponíveis no site. Acredito que as lições que aprendemos, e que se misturaram a nossos pressupostos metodológicos, podem servir de referência para outras organizações ou empreendedores sociais. Os resultados de nossa primeira década de atuação foram sintetizados na publicação *Conexão São Miguel Paulista: Uma década de experiências da Fundação Tide Setubal no enfrentamento de desigualdades em periferias urbanas*, que mescla indicadores quantitativos, com dados reveladores do impacto no território, e uma visão qualitativa. A mudança nos índices de qualidade de vida entre 2006 e 2016, desiguais nos diversos bairros que compõem a região, revelam algumas melhorias, sobretudo em São Miguel, melhorias direta ou indiretamente influenciadas pela ação da Fundação, de outras ONGs e da própria comunidade, como a redução da demanda por creches, o aumento da frequência a bibliotecas, a queda dos números de gravidez e mortalidade entre adolescentes e a relação de UBS por indivíduo.

Com o fechamento desse ciclo, impunha-se o desejo de redirecionar o foco da Fundação: a partir da experiência em São Miguel, passaríamos a olhar para a cidade como um todo. Para começar, em parceria com a *Folha de S.Paulo*, fizemos uma pesquisa Datafolha sobre as periferias e um caderno com a revista *Página22*. Os índices da pesquisa expuseram um quadro de desigualdade e preconceito generalizado: a maioria dos paulistanos (52%) dizia morar em áreas excluídas, 25% afirmaram já terem sido discriminados por causa do endereço e 40% assumiam evitar bairros periféricos.

O seminário Cidades e Territórios, realizado em junho de 2016, em São Paulo, marcou essa enorme mudança de perspectiva, focando o papel das políticas públicas na redução das desigualdades no cenário urbano. Na conferência inaugural, a socióloga holandesa

Saskia Sassen, professora da Universidade Columbia, em Nova York, falou das novas configurações metropolitanas e da importância do território nas políticas urbanas. Especialistas discutiram cidades sustentáveis, o direito à cidade, jovens e mobilização social e educação em territórios vulneráveis. Além do seminário, promovemos rodas de conversas sobre políticas sociais e territórios nas zonas Sul, Leste e no Centro de São Paulo.

Cidades e Territórios nos deu a certeza de que nosso caminho era mesmo pensar as cidades e as periferias urbanas com base em nossa experiência de território e fundamentados em alguns pressupostos metodológicos. O desenvolvimento local baseado no fazer coletivo é nosso mantra: o território importa, e a participação ativa das pessoas envolvidas é fundamental. Fazer diagnósticos e ouvir a comunidade, o tempo todo aperfeiçoando a escuta, que se desdobra em diálogo e parcerias. Construir legitimidade e vínculos de confiança no dia a dia, através de uma atuação coerente, consistente e transparente, com respeito às pessoas e em especial à sua potência. Estar presente no território nos fornece instrumentos e conhecimento para ajustar nosso olhar e nossa atuação cotidiana.

A formação em diversos níveis também é essencial: acreditamos que o fortalecimento de agentes, lideranças e ONGs locais passa pela formação das pessoas e pela produção, sistematização e disseminação do conhecimento. Afinal, o sentido maior desse percurso é buscar influência nas políticas públicas, para alcançar uma escala que vá além de São Miguel.

Com toda essa bagagem, após uma década de atuação na zona Leste, em 2017 partimos para uma nova jornada: repensar nossa missão e nossos modos de atuação. Fomos abertos, dispostos, disponíveis para descobrir caminhos inusitados, arriscar o novo e aproveitar a beleza do transformar, da descoberta e do diálogo.

## 5. O caminho da política

> Uma mulher na política muda a mulher. Muitas mulheres na política mudam a política.
>
> Michelle Bachelet, ex-presidente do Chile, na série documental *Eleitas: Mulheres na política* (2020), de Isadora Brant

> Tempo rei, ó, tempo rei, ó, tempo rei
> Transformai as velhas formas do viver
> Ensinai-me, ó, pai, o que eu ainda não sei
> Mãe Senhora do Perpétuo, socorrei
>
> Gilberto Gil, "Tempo rei"

O legado político que recebi de meu pai sem dúvida deixou marcas na minha história. Apesar de seu exemplo muito próximo — como prefeito, fundador de partido, ministro das Relações Exteriores — e das conversas constantes sobre o assunto na mesa de jantar, eu nunca tinha pensado em entrar na política. Isso acabou acontecendo a partir de meu envolvimento em várias das organizações da sociedade civil que foram protagonistas na candidatura de Marina Silva a presidente do Brasil em 2010. Quando me integrei à campanha, meu pai já havia falecido. Mas imagino que ele teria me apoiado. Entrei porque acreditei na causa. Não tinha ideia das consequências e do peso que isso teria na minha vida.

Escrever sobre um momento e um movimento político não é tarefa fácil, afinal são acontecimentos históricos e públicos. Por isso, não é minha intenção analisar ou dar conta dos fatos que incidiram sobre as campanhas de Marina entre 2010 e 2014, nem das pessoas que, como eu, atuaram nelas. Tampouco tenho a pretensão de explicar o contexto político. Meu olhar será para o período em que participei ativamente do espaço político brasileiro, ao lado de Marina Silva. Tentarei retratar essa experiência sob a minha ótica — necessariamente limitada, mas compartilhada por pessoas que lutaram e acreditaram na causa da sustentabilidade.

A experiência política me marcou de muitas formas, e senti o peso do que é ser mulher em uma seara tão masculina. Enquadrar meu papel e minha atuação foi um exercício diário. Apesar de ter nascido e crescido em um ambiente muito masculino, a cada dia de campanha eu aprendia como me fazer ouvir em meio a tantos homens, como ser assertiva nas mensagens que queríamos transmitir e, sobretudo, como ocupar até mesmo fisicamente um espaço do qual eu era afastada a cotoveladas, em geral dadas por homens. Durante as entrevistas de Marina, as pessoas travavam uma verdadeira luta para aparecer nas fotos ao lado dela.

Nunca deixei de acompanhar a evolução do contexto brasileiro, em especial do papel das mulheres na política, nem de oferecer o meu apoio a movimentos e coletivos de mulheres, seja de candidatas, seja de eleitas para cargos públicos. Não foram poucos os depoimentos em que eu disse ver Marina como uma liderança feminina do século XXI, uma personalidade acolhedora, uma cuidadora que tem na terra a sua essência — e que é, ao mesmo tempo, forte, resistente, assertiva e persistente na luta por suas ideias e causas.

MINHA história na política começa em 2007, na época em que voltei a morar em São Paulo, depois de alguns anos no interior do estado, na Fazenda Capoava. Enquanto me dedicava a implementar a Fundação Tide Setubal em São Miguel Paulista, passei a integrar a Rede Nossa São Paulo (RNSP), liderada pelo empresário e gestor de projetos sociais Oded Grajew, composta por mais de cinquenta organizações interessadas em discutir o desenvolvimento justo e sustentável da cidade de São Paulo. A RNSP havia sido fundada naquele ano, em parceria com representantes de diversos setores da sociedade. O objetivo era construir uma agenda para apoiar a gestão pública na formulação de políticas mais inclusivas. Entre as iniciativas, a Rede Nossa São Paulo incentivou a criação e a aprovação da Lei de Metas, que obriga cada prefeito eleito a implementar, no início da gestão, um plano de metas que deve ser discutido com a população em audiências públicas. É um instrumento através do qual a sociedade civil pode participar e monitorar a gestão pública.

Foi nesse contexto que conheci pessoalmente Marina Silva. Ela estava na segunda gestão como ministra do Meio Ambiente (2003-8). Fui assistir a uma palestra dela no Sesc Consolação, em São Paulo. Fiquei muito impressionada com sua fala e seu carisma. Não fui a única. Ao terminar, ela arrebatou aplausos entusiasmados do público.

Em 2009, quando Marina não estava mais no ministério, um grupo de organizações da sociedade civil, ambientalistas e empresários começou a discutir a possibilidade de lançá-la como candidata à Presidência da República no ano seguinte, pelo Partido Verde (PV). Eram nomes ligados ao Instituto Ethos, voltado para a ética empresarial, tendo à frente o cofundador da Natura, Guilherme Leal, Grajew e o empresário e político Ricardo Young, e as ONGs SOS Mata Atlântica, fundada pelo empresário Roberto Klabin, e o Instituto Socioambiental (ISA), criado pelo antropólogo Beto Ricardo e pelo ambientalista João Paulo Capobianco, entre outros. Participei de algumas reuniões do movimento Brasil Sustentável, criado em torno da possível candidatura. Na visão do grupo, a consciência da evolução do quadro de emergência climática global e da importância do Brasil nesse cenário eram o sustentáculo da candidatura. A ideia era trazer a noção de sustentabilidade para o centro do debate brasileiro sobre desenvolvimento, ainda marcado por visões atrasadas do ponto de vista econômico e ambiental.

A candidatura de Marina acabou por se consolidar em meados de 2010, com Guilherme Leal assumindo o posto de vice-presidente da chapa. Ele trouxe o apoio de alguns empresários, aportou à campanha sua competência gerencial e somou-se aos princípios da trajetória política de Marina de transparência absoluta nas contas, que foram gerenciadas pelo economista e administrador de empresas Álvaro de Souza. Com isso, demonstrou que é possível fazer campanha de uma forma diferente do que era comum no país, ou seja, sem expedientes ilegais como o caixa dois e outras irregularidades. Por fim, a visão pragmática de Leal foi importante para dar concretude às discussões.

Anos mais tarde, em entrevista à BBC, Leal diria que nunca se arrependeu da experiência na política e que seu desejo, na época, era trazer para a cena eleitoral uma visão de futuro que não estava no horizonte da "velha política". Queria mostrar que política diz respeito a todos nós, e que deveríamos todos nos envolver nela de alguma forma. Disse ainda que segue apostando no Brasil e que agora oferece sua contribuição a partir da sociedade civil.

Em seu discurso de filiação ao PV, em setembro de 2009, Guilherme falou do encontro improvável com Marina, da honra de ter sido escolhido como vice e da aposta em uma renovação das lideranças. Do programa de governo de Marina, então em elaboração, destacou pontos como educação, formação técnico-científica e estímulo ao empreendedorismo; a busca por um mercado pujante, com economia forte e competitiva, de um Estado forte e eficiente e de uma sociedade civil organizada; a aposta na melhoria das condições de vida nas cidades; a luta pelo meio ambiente e a transição para uma economia mais sustentável para o século XXI. É bonita a forma como Leal explica, nessa fala, por que Marina seria capaz de exercer uma nova liderança:

> Porque Marina vê na energia empreendedora do povo a sua grande arma para inovar e superar os desafios que se antepõem à construção de uma nova maneira de viver, mais harmônica e sustentável. […] Porque Marina sabe que a sociedade a ser buscada é a que enxerga na diversidade, unida em torno do respeito ao bem comum, sua riqueza maior. Chegou a sua hora, Marina! […] Você se tornou o melhor da nova liderança do Brasil.

Eu conhecia Guilherme desde meus tempos de juventude, e o Cenpec já havia firmado parcerias com a Natura para atuar em escolas públicas. No final de 2009, ele me ligou e me convidou para participar da elaboração do programa de governo de Marina Silva, a fim de ajudar a planejar ações de educação. Surpresa, mas empolgada com o desafio, aceitei de pronto. Eu conhecia de longa data várias pessoas do grupo. Também tinha experiência em educação e havia me aproximado do tema da sustentabilidade, especialmente depois da minha vivência rural e nos territórios vulneráveis e periféricos, que tinham desafios ambientais recorrentes — cheguei a implementar alguns projetos nessa seara. Além de tudo, eu já havia me encantado com Marina, apesar de ainda conhecê-la pouco. Mas não tinha experiência pessoal em política nem intimidade com ela.

Para mim, era tudo muito novo. Foi um longo aprendizado até incorporar à minha visão de mundo o viés político estratégico. Marina e eu construímos uma forte amizade, fruto dessa intensa convivência de pré-campanha e campanha. Éramos poucas mulheres: além de nós, a historiadora e ambientalista Gisela Moreau e, às vezes, a empreendedora social Anamaria Schindler. No mundo tão masculino da política, eu sentia que para Marina era importante poder contar com a presença constante de uma figura feminina a seu lado.

Em fins de agosto de 2009, em um momento memorável da pré-campanha, Marina filiou-se ao Partido Verde num ato no Rosa Rosarum, espaço de eventos em São Paulo. Marina despediu-se de sua longa trajetória no PT, ao qual era filiada desde 1989, recitando um trecho do conto de Guimarães Rosa "Nenhum, nenhuma", de *Primeiras estórias*: "Será que você seria capaz de se esquecer de mim, e, assim mesmo, depois e depois, sem saber, sem querer, continuar gostando? Como é que a gente sabe?".

Já a entrada no PV foi saudada com uma passagem das *Confissões*, de Santo Agostinho: "Tarde te amei, ó beleza tão antiga e tão nova! Tarde demais eu te amei! Eis que habitavas dentro de mim e eu te procurava fora!".

Também ficou na memória a mobilização no lançamento da pré-campanha, em Nova Iguaçu (RJ), em maio de 2010, com participação de Gilberto Gil e de outros artistas.

No início daquele ano, o cineasta Fernando Meirelles, apoiador de Marina, dirigiu um programa no qual ela era a entrevistadora. Fui uma das entrevistadas — um momento bem marcante para mim. Naquela primeira conversa, Marina me disse que tanto ela quanto eu estávamos predestinadas a ter outra trajetória. Ela, a ser seringueira; eu, nascida na elite. No entanto, ambas havíamos rompido com nosso destino e nos encontramos pela via da educação. Ela, por ter estudado e se tornado uma política comprometida com o desenvolvimento sustentável; eu, por ter escolhido o caminho da educação pública como forma de ajudar a transformar o mundo, via transformação da vida das pessoas. A partir dessa tocante descrição de nosso encontro, fomos estreitando nossa relação e nos conectando cada vez mais. Ficamos amigas, como somos até hoje.

Dentro do PV, as discussões sobre o programa foram encabeçadas pelo ambientalista Alfredo Sirkis, deputado e cofundador do partido, que se tornaria coordenador da campanha. Autor de *Os carbonários* (1980), que narra a sua participação no movimento estudantil e na resistência armada à ditadura brasileira, o jornalista carioca foi um defensor pioneiro da pauta ambiental em seus mandatos de vereador e deputado. Criou a Secretaria Municipal de Meio Ambiente do Rio de Janeiro, foi secretário de Urbanismo da cidade e presidiu o Instituto Municipal de Urbanismo Pereira Passos, época em que concebeu e iniciou a revitalização da zona portuária carioca.

Além dele, as discussões envolviam, entre outros, o jornalista e ex-deputado Fernando Gabeira, o jornalista Sérgio Xavier e José Luiz Penna, presidente do partido. Da sociedade civil, Marina tinha como assessores ou colaboradores próximos uma equipe de peso: o engenheiro de produção Bazileu Margarido, o engenheiro florestal Carlos Vicente, o físico Roberto Kishinami, a jornalista e socióloga Maristela Bernardo, o sociólogo Carlos Novaes, o economista José Eli da Veiga e a antropóloga Jane Vilas Bôas. Participei de várias discussões técnicas sobre o programa de campanha, levando minhas contribuições. Eram debates intermináveis, sobretudo quando se tratava do tema economia sustentável. Havia vários economistas na equipe e nem sempre as visões eram compatíveis.

No programa de educação, destacamos doze frentes de ação, atacando questões que, infelizmente, podem ser consideradas atuais até hoje:

- Construção do sistema nacional de educação
- Educação como prioridade política e orçamentária
- Novos conhecimentos
- Atenção à primeira infância, articulada às áreas de saúde e assistência social
- Melhoria da qualidade da educação básica, garantindo a aprendizagem de todos na idade correta
- Valorização dos profissionais da educação

- Educação integral
- Consolidação dos direitos coletivos e valorização da diversidade sociocultural e ambiental
- Ensino Médio e ensino profissionalizante
- Infraestrutura para o capital humano
- Ampliação do ensino superior e da produção da ciência
- Estabelecimento de um diálogo constante entre saber científico e saber popular

Coordenado por João Paulo Capobianco, ambientalista reconhecido e integrante de várias organizações da sociedade civil, o programa de governo Juntos pelo Brasil que Queremos convocava uma aliança por um país justo e sustentável, com ênfase em um novo jeito de fazer política, pautado por valores e princípios que privilegiam o interesse público, a transparência e a participação cidadã nos processo de decisão. As diretrizes programáticas eram sete:

- Política cidadã, baseada em princípios e valores
- Educação para a sociedade do conhecimento
- Economia para uma sociedade sustentável
- Proteção social: saúde, previdência e terceira geração de programas sociais
- Qualidade de vida e segurança para todos
- Cultura e fortalecimento da diversidade
- Política externa para o século XXI

Ao longo de 2010, acompanhei Marina em agendas de campanha em vários estados brasileiros. Gostava muito de estar com ela nesses momentos. Conforme o trabalho se desenrolava, sentíamos que sua popularidade crescia significativamente, o que se refletia nas pesquisas de intenção de voto: de 8%, em janeiro, ela subiu para 12%, em maio. Andar com ela pelas ruas e nos aeroportos tornava-se cada vez mais difícil; Marina era sempre muito assediada, principalmente para fotos. Recuperei alguns escritos em que registrei momentos dessas viagens, como quando visitamos o Acre, sua terra:

Em Rio Branco, visitamos a casa de dona Terezinha, onde Marina teve seu primeiro emprego, como doméstica, além da casa de uma arte-educadora local e da casa de sua família. Marina fala a todos sobre sua origem acreana e da força guerreira que compartilha com as mulheres daqui. Destaca que veio ao Acre se abastecer, pois deve tudo ao povo acreano.

Na manhã seguinte, participamos das comemorações do Dia da Amazônia [5 de setembro]. Marina falou de seu plano para a região e destacou o papel de Chico Mendes. À tarde almoçamos na casa de uma amiga dela, com representantes de várias organizações indígenas e da sociedade civil. Depois, ainda visitamos o mercado e o Museu da Borracha, onde há uma descrição da história do Acre. À noite fomos a uma linda cerimônia de lançamento da biografia de Marina. Estava presente toda a sua família: seu pai, as irmãs, o marido, Fábio, os filhos, seu único irmão, suas sete irmãs e outros parentes, vários amigos, entre eles o Binho [Arnóbio Marques], que fez uma linda fala sobre os tempos de juventude, quando estudaram juntos na universidade e militaram no PT. Marina relatou toda sua história, desde a saída do seringal, aos dezesseis anos. Foi tudo muito emocionante.

Com Marina, conheci as Paneleiras de Goiabeiras, em Vitória, que fabricam as célebres panelas negras, usadas em especial no preparo da moqueca capixaba. Também convivi com seus apoiadores, como o grupo de jovens do Movimento Marina Silva Presidente, criado em 2007, após as Conferências do Meio Ambiente, quando ainda era ministra. Foram eles que conceberam as Casas de Marina. Entre os jovens que lideraram essa linda iniciativa estão Marcela Moraes, advogada, que mais tarde, no governo Lula 3, seria diretora do departamento de apoio ao Conselho Nacional do Meio Ambiente (Conama) do Ministério do Meio Ambiente, novamente comandado por Marina; o expert em mediação de conflitos Eduardo Rombauer, o antropólogo Marcel Taminato, a tecnóloga em gestão ambiental Gabriela Barbosa Batista. O movimento se espalhou pelo Brasil com o slogan "Seja apenas mais um". Voluntários ofereciam a própria casa para acolher espaços de discussão, informação e distribuição de material de campanha. Esses jovens oxigenavam nossas pautas e traziam um ar de *nova política* de fato: na época, essa expressão ainda não havia sido sequestrada pela extrema-direita, como veríamos acontecer alguns anos depois.

## *Adrenalina*

A campanha foi se intensificando. Acompanhei debates e entrevistas, momentos em que a tensão e a adrenalina subiam. Eram muitos os conflitos e obstáculos políticos que emergiam todos os dias e precisavam ser negociados e superados. Marina era atacada por ter o apoio de empresários, que logo foram apelidados de "ecocapitalistas". Fui atacada por fazer parte de uma das famílias controladoras do Itaú; me descreviam como banqueira e herdeira na clara intenção de desqualificar e de invisibilizar minha atuação como educadora. Em 2010, Marina e o PV tinham poucas chances na disputa com Dilma Rousseff, do PT, a candidata de Lula, e José Serra, do PSDB, mas os ataques não chegaram nem perto do que viriam a ser em 2014. Era só o começo.

No dia da eleição, 3 de outubro, comemoramos nossa derrota na Sala Crisantempo, centro cultural da Gi Moreau. Comemoramos com motivo: como disse Marina, havíamos perdido ganhando. Depois de um começo tímido, chegamos a 19.636.359 votos, quase 20% dos votos válidos, índice que nenhum instituto de pesquisa previra.

Foi maravilhoso.

No diário de campanha de Alfredo Sirkis, *O efeito Marina*, publicado em 2011, podemos acompanhar esse crescimento inesperado, a despeito do descrédito da imprensa: a cobertura não concedeu a ela espaço condizente com a votação final. Marina havia saído do PT, um partido de base sindical, para ingressar no PV, fundado sobre uma plataforma ambientalista e com uma base de classe média consciente das questões ambientais. Foi curioso testemunhar o assombro de quem não havia prestado atenção nela. Simplesmente não entendiam aquela votação extraordinária. Para Sirkis, o voto em Marina tinha um lastro afetivo:

O que levou 20 milhões de pessoas a optarem por um personagem tão improvável na Presidência da República quanto Marina Silva não foi apenas sua mensagem, vinculada ao futuro do planeta, à ecologia, à sustentabilidade, à revolução na educação. Foi também uma difusa, imprecisa mas límpida sensação de que o fazer política deveria ser diferente. [...] Que em algum lugar cabe o caminho do coração.

Aquele discurso em que Marina se despede citando Guimarães Rosa e entra no PV falando de Agostinho tornou-se um documento histórico precioso. Até hoje me emociono ao ouvi-la falar; mas, naquele momento e naquele contexto, ela foi simplesmente arrebatadora. Ao revisitar o que disse, percebo com mais clareza o quanto ela está à frente de seu tempo. E fico muito feliz que ela tenha tido oportunidade de voltar, e no momento certo. É a prova de algo que a própria Marina sempre diz: "Nada é mais potente do que uma ideia cujo tempo chegou". Transcrevo abaixo alguns trechos que me comoveram em especial.

> [...] para que o desenvolvimento sustentável aconteça no Brasil e no exterior, é preciso que se crie uma cultura de sustentabilidade. E a sustentabilidade se refere, [e] se reporta a várias dimensões: a dimensão econômica, a dimensão social [e] cultural, a [dimensão] política, estética e à dimensão ética. Não há como fazer a mudança que precisamos fazer, com a magnitude que precisa ser feita, sem que haja uma forte base social, um grande acordo social que viabilize a sustentabilidade política para esse novo fazer. Um novo fazer que não pode mais ser remetido para o amanhã. [...] Mais do que nos partidos, que a questão da sustentabilidade, em todas as suas dimensões, esteja presente no fazer da sociedade, na diversidade social e cultural, que é maior do que os partidos.
>
> Não temos [...] a pretensão de querer homogeneizar a sociedade. A sociedade é diversa, os núcleos vivos da sociedade, da academia, do empresariado, dos movimentos sociais, das ONGs, da arte, da espiritualidade; eles são disponíveis para contribuir com esta causa, mas muitas das vezes não querem se filiar. [...] Há uma mudança de paradigma, e essa mudança tem que ser internalizada por todos.

[…] Não somos sacos de estopa. Somos pessoas diferentes com desejos diferentes. Não é errado ter diferentes interesses. O erro é quando alguém pensa que, de forma ilegítima, vai fazer seu interesse se sobrepor ao dos demais. O interesse da nação brasileira, da preservação do planeta está acima de nós.

Para isso, cada um [de nós] vai ter que ajudar a construir. […] Essa transformação será fruto da vontade e da determinação de homens e mulheres que se colocam como mantenedores de utopia, mesmo em uma idade já amadurecida. Mas, para que isso aconteça, é fundamental a força e o envolvimento da juventude. É a juventude que faz mudança; sem ela, nada muda.

O tempo de suas ideias chegou.

No seminário Educar na Cidade, que o Cenpec produziu no fim de 2012 para discutir valores para a educação do século XXI, Marina chamou atenção para o que chamava de *ativismo autoral* dos jovens. Ela gosta de usar esse conceito para se referir ao jeito particular que alguns deles têm de atuar na política e no mundo. Diz que o envolvimento jovem vem do sensorial, do prazer de participar de uma experiência que é criativa, produtiva, livre:

> No passado, nós precisávamos de um porto seguro, do partido, do comitê central. Já os jovens de hoje não precisam mais de um porto seguro, preferem uma âncora. A diferença é que no porto eu fico atracado, e com a âncora eu ganho mobilidade e certa governabilidade.

Para Marina, a educação é a chave para estabelecer diálogos e criar, em colaboração com os jovens, novos ideais de identificação, ajudando a reverter modelos estagnados, paradigmas fechados e a armadilha do individualismo exacerbado.

Com seus 19,6 milhões de votos, no segundo turno das eleições de 2010 Marina não apoiou nem Dilma Rousseff nem José Serra, mas entregou a ambos um documento com dez pontos que considerava fundamentais para um novo governo. Ao entregar essa carta, enfatizou:

> […] não se trata apenas de ter políticas ambientais corretas ou incentivar os cidadãos a reverem seus hábitos de consumo. É necessária

nova mentalidade, novo conceito de desenvolvimento, parâmetros de qualidade de vida com critérios mais complexos do que apenas o acesso crescente a bens materiais. O novo milênio que se inicia exige mais solidariedade, justiça dentro de cada sociedade e entre os países, menos desperdício e menos egoísmo. Exige novas formas de explorar os recursos naturais, sem esgotá-los ou poluí-los. Exige revisão de padrões de produção e um fortíssimo investimento em tecnologia, ciência e educação. [...] Mesmo sem concorrer, estamos no segundo turno com [...] as questões aqui colocadas. Esta é a nossa contribuição para que o processo eleitoral transcenda os velhos costumes e acene para a sustentabilidade política que almejamos.

## *Entre campanhas: a Rede Sustentabilidade*

No começo de 2011, o Instituto Democracia e Sustentabilidade (IDS) — organização da sociedade civil com foco no meio ambiente e na democracia, presidido na época por Beto Ricardo, do ISA, que apoiara Marina — preparava-se para mudar de comando. Acabei me tornando presidente do conselho, tendo Capobianco como vice. Era um enorme desafio. Eu não tinha histórico de militância na área ambiental, mas contava com o apoio de todos os envolvidos na campanha, sobretudo do Capo, meu sucessor no mandato seguinte.

Naquele momento pós-eleição, assumi um mandato de transição, até que tudo pudesse encontrar seu lugar. Em 2012, houve a discussão do Código Florestal, a principal legislação ambiental do país, que regulamenta o uso da terra e a preservação das matas, estabelece regras para o desmatamento, a conservação de áreas de vegetação nativa e a recuperação de áreas degradadas. Os ruralistas pressionavam pela flexibilização das regras. Liderado por Capobianco, o IDS protagonizou a tentativa de unir as organizações da sociedade civil ligadas à defesa do meio ambiente em uma frente que fortalecesse um posicionamento único. Foi muito difícil manter essa união. Marina participou ativamente do debate, junto com outros ex-ministros do Meio Ambiente. Finalmente, em maio daquele ano o Código Florestal foi sancionado, e mesmo não sendo o código dos sonhos dos ambientalistas, após sua homologação, mesmo com várias críticas, todos se mobilizaram para viabilizar a implementação, o que configura uma vitória dos ambientalistas.

Minha forma de organizar internamente ao menos parte da experiência que vivi ao lado de Marina Silva foi escrever *Educação e sustentabilidade: Princípios e valores para a formação de educadores*, lançado pela editora Peirópolis em 2015. No livro, discuto as diferentes dimensões desse conceito e dessa articulação, à luz também de minhas vivências no território de São Miguel Paulista e dos saberes populares do interior de São Paulo. Não queria fazer um livro teórico, acadêmico; estava imbuída do conceito de uma democracia plural, com diferentes protagonistas, como difundimos na campanha. Para discutir o conceito de sustentabilidade em diversos âmbitos, participei de rodas de conversa e entrevistas com professores, educadores e lideranças de organizações da sociedade civil que atuavam com cultura, esportes, meio ambiente e direitos em territórios periféricos. Coletei nesses encontros um material muito rico. E creio que o livro consegue expressar essa amplitude de vozes e de formas de pensar e fazer.

O meu objetivo era abrir um diálogo com educadores sobre alguns temas-chave: a relação entre educação e sustentabilidade, equidade, justiça social e cultura de paz, diversidade e trocas, como formar cidadãos para o século XXI e novas formas de aprender e ensinar. Cada capítulo começa com uma breve apresentação teórica, e em seguida discuto práticas educativas, ou seja, como as escolas tratam o assunto. Então, mostro como se posicionam organizações da sociedade civil, coletivos e grupos que atuam em diferentes territórios, sempre traçando conexões com a cultura e os saberes populares.

O livro foi concebido para uso nas escolas, mas também nas organizações da sociedade civil que atuam no campo da educação — mas com uma visão ampliada. Isso é uma demanda contemporânea. A educação não pode ficar encastelada entre os muros da escola. Manter diálogos com o território e suas múltiplas vozes é um desafio que se torna cada vez mais presente.

## *Em busca de um partido*

Após a eleição de 2010, os apoiadores de Marina deram início a um movimento que se autodenominou *transição democrática*. O objetivo era democratizar as instâncias de decisão do PV. O embate entre grupos dentro do partido escalou, culminando na desfiliação coletiva de Marina e seus seguidores mais próximos. Juntos, eles criaram o movimento Nova Política, que agregava, além de lideranças de diferentes segmentos da sociedade, movimentos socioambientais, lideranças jovens, como o amazonense Tácius Fernandes, hoje assessor de participação social e diversidade do Ministério do Meio Ambiente e Mudança do Clima; Marcela Moraes, de São Paulo; a cearense Gabriela Barbosa Batista, além de José Gustavo, de São Paulo, administrador público que mais adiante seria presidente da Fundação Rede Brasil Sustentabilidade, e de Eduardo Rombauer.

Lançado em Brasília, o Nova Política se espalhou por outros pontos do país. Como não era um partido, nas eleições de 2012 alguns de seus integrantes se filiaram a partidos para concorrer a cargos — foi o caso do empresário Ricardo Young, eleito vereador em São Paulo pelo Partido Popular Socialista (PPS). Outro momento importante desse processo de transição política foi a conferência Rio+20, em junho de 2012, que marcou o vigésimo aniversário da Rio-92. Marina e seu grupo tiveram grande protagonismo no encontro, especialmente no evento Cúpula dos Povos, na campanha Floresta faz a Diferença e na Carta da Terra.

Após as eleições municipais de 2012, cresceu no grupo a vontade de constituir um partido que trouxesse novas ideias à arena pública e arejasse o sistema político. Era o sonho de Marina e de todos os que acreditávamos em uma *nova política*. Fomos chamados de "sonháticos", muitas vezes na tentativa de nos desqualificar. Para nós, contudo, cabia o adjetivo, que foi cunhado pela própria Marina durante o discurso de desfiliação do PV: "Não é hora de ser pragmático, é hora de ser sonhático e de agir pelos nossos sonhos".

Paralelamente, Guilherme Leal lançava a Rede de Ação Política pela Sustentabilidade (Raps), com a missão de contribuir para a defesa da democracia e do processo político brasileiro e disseminar o compromisso com a sustentabilidade e o desenvolvimento sustentável na política institucional. A Raps opera conseguindo apoios, criando conexões e desenvolvendo lideranças de diferentes partidos, origens e ideologias para trabalhar por soluções concretas para os grandes desafios econômicos, sociais e ambientais brasileiros. Com ela, Guilherme passaria a demarcar sua atuação política a partir da sociedade civil.

As tarefas da empreitada de criar o novo partido foram divididas entre as pessoas mais próximas de Marina: Jane Maria Vilas Bôas, hoje assessora do gabinete da Marina no Ministério do Meio Ambiente e Mudança do Clima; Muriel Saragossa; o advogado André Lima, hoje secretário de Controle do Desmatamento e Ordenamento Ambiental Territorial do Ministério do Meio Ambiente e Mudança do Clima; o engenheiro florestal Tasso Azevedo, criador do MapBiomas (que monitora o desmatamento, além da cobertura e uso da terra) e que, à sua maneira, e em meio aos tantos projetos que desenvolve, sempre arrumou espaço na agenda para colaborar; Bazileu Margarido, especialista em gestão estratégica, atualmente coordenador de análise de metas e resultados da Prefeitura de Ribeirão Preto; o socioambientalista Pedro Ivo, ainda hoje na Rede Sustentabilidade; José Gustavo, Carlos Vicente, Toinho Alves, Gisela Moreau e a jornalista Maristela Bernardo, além de egressos do pv, como Maurício Bruzadin. Eu também acabei me envolvendo bastante no esforço de criar o partido, trabalho que consome bastante tempo: além de conversas e discussões, há uma questão muito prática — conseguir, até seis meses antes das eleições, as 500 mil assinaturas, em pelo menos nove estados, que são exigidas pelo Tribunal Superior Eleitoral (tse).

A Rede Sustentabilidade foi lançada em Brasília, no dia 16 de fevereiro de 2013, em clima de euforia e engajamento. Ainda não tínhamos coletado as assinaturas de que precisávamos, mas nossas metas eram claras e públicas: construir uma nova força política, alicerçada em uma ética da urgência e das alianças, tendo como horizonte um novo modelo de desenvolvimento — sustentável, inclusivo, igualitário e diverso.

A coleta de assinaturas envolveu o Movimento Marina Silva Presidente e diversas iniciativas sociais. Muitos dos colaboradores de Marina se articularam para atingir a meta: Pedro Ivo, Carlos Painel,

Miro Teixeira, José Aparecido, Sérgio Xavier, Alfredo Sirkis, entre outros. José Gustavo coordenou a coleta em São Paulo e Marcela Moraes nos demais estados. A cada centena de assinaturas que colhíamos, um malote era enviado a um cartório para validação. O que não esperávamos era que diversos cartórios, em vários lugares do país, começassem a rejeitar as assinaturas: em média, seis em dez, muito acima do que acontecia com outros grupos que solicitavam licença partidária. Para nós, era clara a intenção de obstruir o surgimento da Rede Sustentabilidade.

Apesar de todo o esforço, não alcançamos a tempo o coeficiente de assinaturas: das 491.949 necessárias, conseguimos validar 442.524. Contratamos advogados para demonstrar que havíamos sido deliberadamente boicotados e reunimos muitas provas para defender essa tese. Eu, Marina e o ex-deputado federal Miro Teixeira fomos conversar com cada um dos ministros do TSE. Todos nos ouviram, mas apenas Gilmar Mendes deu ganho de causa à legenda.

Com esse revés, a Rede Sustentabilidade não obteve o registro a tempo de poder disputar as eleições de 2014. Para se lançar novamente à Presidência da República, Marina precisava de uma legenda que a abrigasse. Ela resistia a aceitar os vários convites que recebera, e em seu entorno não havia consenso. Foi então que, no dia da negativa do TSE, em uma reunião que entrou madrugada adentro, sob o olhar impaciente e descrente de Sirkis, ela, diante do impasse, apresentou a ideia de apoiar, mediante um compromisso programático, a candidatura do governador de Pernambuco, Eduardo Campos, que planejava se lançar como candidato ao Planalto pelo Partido Socialista Brasileiro (PSB).

Essa possibilidade nos deixou atônitos. A princípio, a maioria foi contra, inclusive eu. Campos tinha apenas 3% das intenções de voto, enquanto ela aparecia acima de 20% em algumas pesquisas. Fomos unânimes em avaliar que Marina era muito maior que ele. Aos poucos, ainda que no tempo exíguo que tínhamos para decidir nosso percurso político naquela eleição, a ideia amadureceu e acabamos por apoiá-la. O PSB era um partido estruturado, com diretórios em todo o país, e tinha políticos com mandato que dariam respaldo à candidatura. Mantinha uma instituição de renome, a Fundação João Mangabeira, que poderia contribuir para a criação do programa.

Walter Feldman, político experiente que havia saído do PSDB, tornou-se um mediador próximo e importante para Marina. Ele procurou Sérgio Xavier, que havia sido secretário do Meio Ambiente de Campos, para levar a proposta. Eduardo logo marcou uma conversa com Marina em Brasília e assim, rapidamente, a chapa Eduardo Campos-Marina Silva se concretizou, com acordos sobre princípios e muita afetividade.

## *2014: ataque e resistência*

A aliança do PSB com a Rede Sustentabilidade foi anunciada em um sábado, 5 de outubro de 2013, no Hotel Nacional, em Brasília. Durante o encontro, lembro que me dei conta de que estava vivendo um momento histórico. Foi uma surpresa para o mundo político e a imprensa. Em sua carta de princípios, Marina e Eduardo declaravam que o objetivo central da união era aprofundar a democracia e construir as bases de um ciclo duradouro de desenvolvimento sustentável, os dois pilares da verdadeira soberania nacional. Marina insistia em manter o ideário da campanha de 2010: o projeto que Campos e ela protagonizariam deveria manter as conquistas econômicas do governo FHC (1995-2002), os ganhos sociais dos governos do PT (2003-10 e 2011-16), corrigir os erros cometidos por ambos e enfrentar novos desafios, sobretudos os propostos pelo desenvolvimento sustentável.

A preparação da campanha foi intensa. O grupo de 2010 permaneceu junto, e alguns tiveram protagonismo maior, como os economistas Eduardo Giannetti, André Lara Resende, Ricardo Paes de Barros e Ricardo Abramovay, e pessoas que se aproximaram da nova campanha, como o advogado Rafael Poço. Marina me escolheu como coordenadora do programa de governo. Dividi o posto com o ex-deputado federal pelo PSB pernambucano Maurício Rands, um dos principais colaboradores de Eduardo Campos. Tivemos um ótimo entrosamento.

Do lado da Rede Sustentabilidade, começamos organizando rodas de conversa com especialistas de áreas diversas. Produzimos seminários regionais com o PSB para ouvir diferentes vozes, nas várias regiões do país, sobre os tópicos do programa. Buscamos especialistas, aceitamos sugestões que chegavam pela internet e fizemos conversas com entidades de classe, representantes sindicais e movimentos sociais. Um grupo sistematizava os conteúdos que emergiam do material bruto produzido nesses encontros e extraía os grandes temas.

A campanha de 2014 foi, de fato, uma maratona de ritmo alucinante. Nessa época eu estava vivendo na fazenda de Itu, casada com Paulo. Entre as muitas viagens da campanha, voltava para lá de passagem. Minha família dizia que eu tinha sido abduzida: mesmo nos momentos que passava com eles, de corpo presente, a cabeça não estava lá.

Organizamos o programa de governo em seis eixos, integrando temas de forma mais transversal:

- Estado e democracia de alta intensidade
- Economia para o desenvolvimento sustentável
- Educação, cultura e ciência, tecnologia e inovação
- Políticas sociais, saúde e qualidade de vida
- Novo urbanismo, segurança pública e o pacto pela vida
- Cidadania e identidades

Em agosto de 2014, a chapa Eduardo-Marina tinha 9% das intenções de voto, segundo pesquisas da época. Ainda desconhecido nacionalmente e com baixo desempenho nas pesquisas, Campos apareceria pela primeira vez diante de um público maior no dia 12, quando foi entrevistado na bancada do *Jornal Nacional*. No dia seguinte, viria a tragédia: no trajeto entre o Rio de Janeiro e Santos, o jatinho em que viajava caiu num bairro residencial da cidade paulista. Campos e outras cinco pessoas que estavam a bordo perderam a vida.

Não consigo me esquecer daquele 13 de agosto. Em São Paulo, com Marina e o grupo da campanha, acompanhávamos as primeiras notícias sobre o desastre, ainda na esperança de que houvesse sobreviventes.

A morte de Eduardo Campos foi um baque para nós. Meu convívio com ele foi de poucos meses, mas ocorreu durante uma campanha política, situação em que tudo é muito intenso e acelerado.

Aprendi a admirá-lo e a respeitá-lo como político e gestor. Ele lia tudo o que produzíamos, queria entender todas as propostas e ideias. Era um entusiasta da política e da vida pública. Lembro-me de sua conversa deliciosa, com histórias e causos sem fim, e de sua alegria, marca também de toda a sua família. Fiquei numa tristeza enorme com aquela morte e não me cansava de repetir sua frase emblemática: "Não vamos desistir do Brasil".

Fui com Marina para Santos, onde haveria uma entrevista coletiva. Em seguida, embarcamos para o velório e o enterro de Eduardo no Recife. Ficamos com o coração partido, ainda mais ao ver Renata, sua mulher, firme ao lado dos cinco filhos, incluindo Miguel, então um bebê com síndrome de Down de apenas seis meses. Em seu discurso, após o sepultamento, Marina expressou o abalo nacional que a tragédia causara:

> O velório e o sepultamento de Eduardo [...] em Recife mostraram algo surpreendente, que contraria o senso comum formado na sociedade brasileira ultimamente, de que a população tem repulsa à política e aos políticos. A despedida a Eduardo foi inequívoca e emocionante demonstração de amor e respeito a um político. [...] Eduardo revelou-se em sua morte. Conhecendo-o, os brasileiros admiraram o quanto foi autêntico e competente. [...] É engraçado que tudo o que Eduardo fazia era um esforço tremendo para ser conhecido, e mesmo quando diziam que as pesquisas não estavam dando os resultados que nós esperávamos, ele dizia: "É só uma questão de paciência, quando a gente tiver um tempinho de televisão, quando os meios de comunicação começarem a nos cobrir com alguma equidade, a gente vai mostrar ao Brasil as propostas que nós temos e isso vai fazer a diferença". Ele não teve tempo para poder falar. Estamos envolvidos na tarefa histórica de ressintonizar a sociedade brasileira com seus políticos, e para isso Eduardo nos deu régua e compasso. Que Deus nos ajude a estar à altura dele e desse momento. Tivemos o atrevimento de propor, num país marcado pela política patrimonialista e destrutiva, uma prática de reconhecimento dos feitos e do valor alheio, de busca da convergência dos melhores, de coragem de fazer reformas continuamente adiadas, de abandono da cultura maléfica do poder pelo poder, substituindo-a pela gestão competente e

transparente do Estado, pela noção de servir o Estado e a população, e não de servir-se dele.

A campanha seguiu, com Marina à frente da candidatura e crescendo muito rapidamente nas pesquisas. O deputado federal Beto Albuquerque (PSB-RS) seria o candidato a vice. Já em agosto, Marina chegou a 21% das intenções de voto; em setembro, tinha 34%, o que configurava um empate técnico com a incumbente Dilma Rousseff. Passamos então a ser sistematicamente massacrados pela campanha do PT, comandada pelo marqueteiro João Santana. Dia após dia, de forma muito agressiva, Santana recortava trechos do nosso programa e os usava fora de contexto, manipulados e veiculados em filmetes distorcidos, ou mesmo mentirosos, que tinham apelo entre o público. Em uma dessas peças, a comida sumia do prato do trabalhador, numa insinuação de que o programa econômico de Marina afetaria os mais pobres.

Acreditávamos que o programa político construído com o PSB fosse a nossa grande força, porém ele foi usado de forma oposta, ou seja, tornou-se o maior motivo dos ataques. Marina foi alvo de acusações mentirosas e de violência política não só pelas posições, mas por contar com empresários e membros do setor financeiro entre os apoiadores. Eu também sofri ataques diários. Fui descrita como mera herdeira de uma grande fortuna, alguém sem qualificação para estar ali, uma banqueira exploradora dos pobres. O Itaú aparecia todos os dias em postagens que apontavam como o banco se beneficiaria da eleição de Marina, sendo chamado de "banco da Rede", entre outras coisas. Sou muito grata à minha família, que respeitou meu posicionamento e em nenhum momento pediu que eu deixasse a campanha, assim como às famílias Villela e Moreira Salles, controladoras do Itaú, que tiveram a mesma atitude.

Apoios à parte, foram momentos difíceis. Quase ninguém entendia por que eu aguentava tantos ataques e seguia na campanha, *já que não precisava daquilo*. Era sempre o mesmo argumento: eu *não precisava* estar ali. Obviamente, perguntei a Marina se ela queria que eu ficasse ou se minha presença, naquelas circunstâncias, não acabaria atrapalhando, mais do que ajudando. Ela jamais titubeou em me apoiar, no âmbito privado e no público.

Rebatia dizendo que eu era uma liderança respeitada e reconhecida na área educacional.

Senti que tinha um papel importante na campanha, especialmente no apoio a ela. E por contar com esse apoio incondicional não me passava pela cabeça abandonar o barco no meio da tempestade. Como eu dizia, na minha gramática não existe o verbo *desistir*. Sobretudo no meio da luta. Sou muito grata ao jornalista Gilberto Dimenstein, uma das primeiras pessoas que me defenderam publicamente, e ao Fernando Haddad, então prefeito de São Paulo, entre outras pessoas e amigos que foram a público falar a meu favor.

Ao longo da campanha, Marina fez vários discursos que valem ser resgatados. Lembro da linda festa que promovemos às vésperas do primeiro turno, em um espaço que hoje se chama E-Business Park, em São Paulo. Marina se despedia de mais uma disputa presidencial. Há um trecho de sua fala que me parece muito significativo por mostrar como ela compreendera, mais que os demais candidatos, o que as manifestações de Junho de 2013 haviam pedido:

> O polo estabilizador da nossa aliança [com Eduardo Campos] é o programa de governo. E dizíamos que a mudança não ia ser feita por nós, não ia ser feita pelos nossos partidos, que a mudança ia ser feita pela sociedade brasileira. A sociedade quer um Brasil melhor e foi para as ruas pedindo saúde, educação, mobilidade, segurança, pedindo seriedade no uso dos impostos que paga, pedindo qualidade da gestão e das instituições, pedindo que aperfeiçoemos nosso sistema de representação. Porque a sociedade disse uma coisa: vocês não nos representam. Não disse "não queremos democracia representativa", mas sim "tratem de nos representar, melhorando a qualidade da política, a qualidade da representação, e também tratem de se alimentar e se retroalimentar com a nossa contribuição". Como nós estamos fazendo agora.

Já no final, Marina afirmou que chegava ao segundo turno com uma nova atitude, de respeito, debate, e não de embate. E concluiu:

> Meus amigos, vamos à luta, vamos à vitória, vamos mostrar que hoje aqui tem que se ver relâmpago de caracol, os nevoeiros pararem, dar eclipse no sol, as águas do mar secarem e eu pescar baleia de anzol.

*Em campanha com Marina: nossa intensa convivência nas campanhas deu origem a uma forte amizade*

Gilberto Gil foi o primeiro a perceber o que Alfredo Sirkis chamava de "lastro afetivo" do voto em Marina. Na canção que fez para ela, e que se tornou o jingle da campanha de 2014, o compositor e ex-ministro diz que seu coração o mandava votar em Marina. Aqui, o público cantava a canção de Gil, "Marinar, morenar":

> *Marinar vou eu, votar na Marina, marinar*
> *Marinar vou eu, sonhar*
> *a menina vai chegar*
>
> *Vai chegar para tomar conta da gente e a gente vai contar*
> *Com a benção de Jesus Nazareno, e no axé de Oxalá*
> *Com a fé de todo povo, de todo crente, a razão de todo ateu*
> *Eu que sou ele que é ela, ela que é você e eu*
> *Eu que sou ele que é ela, ela que é você e eu*

Com Marina fora do segundo turno, começaram as conversas sobre apoiar ou não Aécio Neves, candidato do PSDB. Foram muitas discussões e discordâncias, mas ela, mediante uma carta-compromisso assinada publicamente por Aécio, acabou se dispondo a ficar do lado do oponente de Dilma Rousseff. Estávamos todos arrasados e alquebrados com o luto por Eduardo Campos e com os ataques e as injustiças da campanha. Uma semana antes do primeiro turno, eu tinha ido parar no hospital, com estafa.

Mas a resistência permanente é necessária, e já em 2015, com a ajuda do advogado Sepúlveda Pertence, a Rede Sustentabilidade reuniu as assinaturas válidas necessárias para obter o registro como partido — àquela altura, 32 mil — e conseguiu entregá-las diretamente ao TSE, sem passar pela validação nos cartórios. O partido obteve o número eleitoral 18 e não demorou a formar bancada no Congresso, com um senador do Amapá, Randolfe Rodrigues, vindo do Partido Socialismo e Liberdade (PSOL), e cinco deputados, entre os quais os experientes e competentes deputados cariocas Alessandro Molon (que veio do PT) e Miro Teixeira (ex-Partido Republicano da Ordem Social, Pros), a quem respeitosamente chamávamos "nosso decano". No primeiro congresso do partido, em Brasília, elegemos como porta-vozes Marina Silva e José Gustavo.

A Rede Sustentabilidade ainda é um partido, mas precisou integrar-se a uma federação com o psol para se viabilizar na nova legislação partidária. Em 2022, Marina se reaproximaria de Lula, através de uma mediação de Fernando Haddad, e ofereceu um apoio importante na corrida presidencial contra Jair Bolsonaro, mediante um compromisso programático. Ela se elegeu deputada federal por São Paulo, cargo que não assumiria por ser chamada de volta ao governo. Sob sua liderança e por sua sugestão, o mma passou se chamar Ministério do Meio Ambiente e Mudança do Clima.

Em 2023, Marina foi entrevistada no podcast *Mano a Mano*, de Mano Brown. Uma de suas respostas traz uma síntese poderosa de suas ideias: "Costumo dizer que o mundo vai ter que fazer uma transformação. E não é só na tecnologia. Não é só mudar a maneira de fazer. É mudar a maneira de ser".

se a resposta de Marina a Mano Brown serve para o país, numa outra escala, pessoal, funciona também para descrever as transformações que vivi em minha árdua passagem pela política. Não mudei só a maneira de fazer, mas também a maneira de ser. Em quatro anos, tive uma experiência de vida incrível, com muita adrenalina. Pude conhecer o funcionamento dos espaços de poder e suas diferentes instâncias. Ao contrário do que muitos podem pensar, saí da política sentindo admiração ainda maior pelos políticos e por seu incansável trabalho de articulação — no Congresso, com as bases eleitorais e dentro dos campos temáticos em que precisam opinar e atuar. Sacrificam sua vida particular e se distanciam da família. Obviamente me refiro aos políticos sérios — e eles são muitos.

Essa visão política do Brasil passou a me acompanhar sempre, em todas as minhas análises sobre o país, e a influenciar a forma como olho para o mundo. É na política que se decidem as posições e as negociações, que se medem os pesos dos diferentes interesses em jogo na sociedade. É preciso aprender o jogo do poder para saber mover as peças. É uma arte, a arte do poder; mas é também uma adrenalina. Levei esse aprendizado para as diferentes dimensões da minha vida. Acho que tudo isso me fez conhecer melhor o meu país e entender mais profundamente nossas potências e limitações.

Depois de 2014, quando voltei a atuar a partir da sociedade civil, tinha esse olhar sistêmico e do contexto estratégico do país. Acho que aprendi a me arriscar mais para me posicionar politicamente — tanto na minha vida privada como na visão institucional na Fundação Tide Setubal.

Nas eleições de 2022, apoiei publicamente a candidatura do presidente Lula. Fui convidada a fazer parte do Conselhão, o Conselho de Desenvolvimento Econômico Social Sustentável que ele recriou, reunindo representantes de diversos setores da sociedade para ajudar na formulação de políticas públicas para o setor. Movimentos sociais, setor financeiro, agronegócio, *fintechs*, há representantes de segmentos variados nesse grupo.

Hoje em dia, mesmo estando distante da política, sem atuar de forma direta, na maioria das entrevistas que concedo meu nome sempre vem acompanhado do atributo "herdeira do Itaú". Para mim, o uso dessa denominação, que surgiu nas campanhas eleitorais, mostra que persiste nas redações uma visão machista. Principalmente considerando que, nos mesmos jornais, esse atributo nunca aparece ao lado do nome dos vários homens públicos — da política, dos negócios ou do meio cultural — que são herdeiros.

# 6. *Interregno*

> […] no momento em que tento falar não só exprimo o que sinto como o que sinto se transforma lentamente no que eu digo.
>
> Clarice Lispector, Perto do coração selvagem

Ao longo da vida, sinto que fui (e vou) elaborando e me aprofundando na compreensão do mundo como a nossa casa — como diz Hannah Arendt, o lugar que nos antecede e que continuará depois da nossa partida. São nossas histórias singulares que permitem dar sentido a nossa herança cultural e nos vinculam ao mundo comum. É uma forma de amor ao mundo, *amor mundi*, em suas palavras. Tomar meu lugar de pertencimento foi, para mim, buscar minha capacidade de agir, de realizar o improvável e o imprevisível, de ter coragem de exercer a liberdade. Esses conceitos, princípios e valores influenciaram minha visão e configuraram uma espécie de bricolagem, um mosaico que não há como ser estático, está em constante movimento, se tornando outra coisa, por conta dos aprendizados e das experiências que vivo diariamente.

Em 2016 passei a me dedicar, paralelamente às minhas atividades na área social, ao *Family Office*. Muitas famílias empresárias contam com esse tipo de escritório, que cuida dos negócios, promove formações e encontros e zela pela coesão do grupo. Em nosso caso, começamos com uma base criada em 2006, quando meu pai ainda era vivo, para discutir a governança familiar e os negócios em vários âmbitos, estabelecendo normas, princípios e valores que serão seguidos pelos membros da família e pelas gerações futuras. Ao longo dos anos, foram criados cursos e formações de diferentes formatos em torno dos *Family Offices*, envolvendo temas como gestão, novas tecnologias e investimento social privado, sobretudo para os mais novos.

Desde 2006, realizamos um encontro anual, fora de São Paulo, com todas as gerações. Nesse fim de semana juntos, nos atualizamos do andamento dos negócios e das atividades das fundações e, principalmente, estreitamos os vínculos afetivos.

Até ali, eu havia me mantido a certa distância desse cenário, restringindo minha participação à Fundação Itaú Social, criada no ano 2000, e que surgiu com foco na educação básica. Quando fiz um movimento em direção à governança familiar, engajando-me em atividades de gestão e fortalecimento do grupo, tive a oportunidade de colaborar com a realização de mudanças institucionais. Dez anos haviam se passado desde a criação do Family Office e a governança familiar estava se atualizando. Fui bastante participativa na discussão do novo modelo institucional, agora com a geração dos meus filhos e sobrinhos já participando em cargos nos comitês temáticos e alguns deles com cargo nas empresas da família. Fiz parte do Comitê de Formação, no qual discutimos cursos e palestras de interesse geral, desde assuntos econômicos e políticos até temas relativos a tecnologia, meio ambiente, gestão de negócios. Outros comitês se responsabilizam pelo desenvolvimento de atividades em torno de educação infantil, valores familiares, negócios etc. Também participei do Conselho Familiar, que se responsabiliza por todas as decisões finais do Family Office.

Entre 2017 e 2020, fiz parte do Conselho da Duratex, hoje denominada Dexco, empresa industrial do Grupo Itaúsa, que é composto de Duratex (painéis de madeira), Deca (louças e metais sanitários), Hydra (válvulas e outros produtos), Castelatto (pisos e revestimentos de concreto), Portinari (revestimentos cerâmicos), entre outras marcas. Nessa que foi minha primeira e única experiência corporativa, pude entender um pouco melhor a realidade do mercado, as exigências feitas aos executivos, a mentalidade dos conselheiros independentes e dos que são sócios. Meu maior aprendizado foi ver como uma empresa deve estar atenta aos concorrentes e ao contexto socioeconômico o tempo todo, o que não se dá na mesma intensidade nas organizações do terceiro setor. Enquanto fiz parte do conselho, também participei do Comitê de Sustentabilidade da Duratex, outro aprendizado interessante: entender a sustentabilidade dentro dos negócios.

Fui convidada também para participar do Comitê de Diversidade do Itaú, com a responsabilidade de orientar a implementação dessas políticas no banco. Discutíamos com pessoas de fora do banco as diferentes diversidades, relativas a gênero, raça, deficiência, idade. Em 2023, o comitê terminou suas funções, uma vez que as políticas de diversidade do Itaú estavam consolidadas em todas as áreas.

A governança familiar foi mais uma experiência nova, o aprofundamento em um mundo que também me constitui, que também é parte da minha identidade. Aprendi bastante e, embora já não esteja tão próxima dessa cena, continuo participando de fóruns de discussão e entendo melhor sua importância para consolidar a união da família. Para mim, acompanhar a geração mais jovem e cultivar maior aproximação com cada um foi muito gratificante pela possibilidade de entender suas visões de mundo, crenças e desejos. Continuo ligada aos fóruns que lidam com essa geração mais jovem, com uma relação especialmente mais próxima com alguns, numa espécie de mentoria.

Quando me aproximei do Family Office, li muito sobre empresas de vanguarda, que incorporam aos negócios o sentido de um propósito social mais amplo, para além da distribuição dos lucros para acionistas. Empresas que buscam solucionar problemas da sociedade, que se preocupam com a diversidade, que se dispõem a contribuir para a criação de um ecossistema saudável. Li sobre os instrumentos desenvolvidos pelas empresas para se aproximar dessas metas, como o ESG, sigla de *Environmental, Social and Governance*, que é um conjunto de critérios de conduta usado para medir responsabilidade social, ambiental e de governança, e também fui estudar o Sistema B, que promove a implementação de objetivos ligados ao bem-estar da sociedade e do planeta. Temas que entendi melhor nessa época, como responsabilidade social, negócios sociais e de impacto, *venture capital* (investimento em empresas não listadas nas Bolsas, como *startups*) e *blended finance* ou financiamento misto, que usa fundos de desenvolvimento e filantrópicos para mobilizar capital privado, combinando recursos financeiros, seriam úteis logo em seguida, a partir de junho de 2017, quando assumi a presidência do Gife, o Grupo de Institutos, Fundações e Empresas, que lida essencialmente com negócios de impacto e investimento social privado, reunindo empresas, institutos, fundações ou fundos filantrópicos. É uma rede de mais de 170 organizações associadas, que, somadas, aportaram 4,8 bilhões em investimento social em 2022, segundo dados do Censo Gife.

Essa experiência se articulou bastante com minha aproximação do Family Office, na medida em que a maior parte dos institutos e das fundações associados ao Gife são ligados a empresas. Com o advogado José Marcelo Zacchi, então secretário-geral do Gife, buscamos fazer uma gestão que ao mesmo tempo desse continuidade a iniciativas da gestão anterior e estimulasse os avanços nas agendas sociais do país. Vivíamos um momento político difícil, logo após o impeachment da presidente Dilma, com a possibilidade concreta de retrocessos na agenda social. Buscamos ampliar as pautas do investimento social privado para além dos setores mais tradicionais da filantropia, trazendo as temáticas mais contemporâneas, como as desigualdades sociais e seus recortes racial, ambiental e de gênero, e buscando ampliar o diálogo das fundações com o ecossistema da sociedade civil.

Nunca vou esquecer do Congresso Gife de 2018, no qual levamos de forma propositiva o tema da diversidade, logo na abertura do evento. Nesse Congresso, foi lançado no Brasil o Fundo Baobá para Equidade Racial, primeiro fundo dirigido por pessoas negras. Não poderia deixar de citar que, enquanto acontecia o congresso, Lula estava sendo preso. No mês anterior, em 14 de março, uma das principais lideranças negras da nova geração, a vereadora carioca Marielle Franco, seria brutalmente assassinada com seu motorista Anderson Gomes. O momento era de tensão no país. Com Zé Marcelo na Secretaria Executiva, fizemos uma dupla forte para apoiar essas agendas nos momentos desafiadores que o país atravessava.

Nessa época tive oportunidade de fazer, com um grupo de executivos de diferentes empresas, uma visita à Suécia, um dos centros tecnológicos mais avançados do mundo ocidental. Assistimos a palestras e visitamos empresas, startups e complexos de tecnologia privados e governamentais. Me achou a atenção que em todas as falas se tocava na centralidade do ser humano, nos Objetivos de Desenvolvimento Sustentável (ODS) da ONU, na ideia de sustentabilidade e de responsabilidade, na visão holística exigida das empresas e na conexão global entre elas.

Tenho enorme admiração pelos países escandinavos, que conseguiram produzir um nível de igualdade muito superior ao das demais nações ocidentais e ocupam os primeiros lugares nos rankings de bem-estar e felicidade. A Suécia tem 10,4 milhões de habitantes. Não dá para comparar com o Brasil, claro. Mas seu exemplo traz a esperança de que é possível haver empresas com visão mais humanista, de bem-estar para todos. Há países onde o coletivo é pensado como prioridade, para que cada cidadão possa viver bem.

Essas experiências se integraram à minha identidade, como membro de uma família empresária. Tenho muito orgulho do Grupo Itaúsa, por seus princípios e valores relativos a uma conduta ética, criação sustentável de valor para os acionistas e para a sociedade, e por sua contribuição para o desenvolvimento do Brasil. Trata-se de um dos maiores conglomerados privados do país, com um portfólio diversificado: entre suas principais investidas estão o Itaú Unibanco, a Dexco, a Alpargatas (calçados), a Aegea (saneamento básico) e a CCR (concessões públicas). A Itaúsa criou em 2019 a Fundação Itaú, como resultado da união do Itaú Cultural, da Fundação Itaú Social, do Itaú Educação e Trabalho e da Todos pela Saúde.

A Fundação Itaú desenvolve projetos que fazem a diferença na vida de milhares de pessoas, sempre articulados a políticas públicas, tanto no campo da educação como da cultura e da saúde. Contribuem para o enfrentamento das desigualdades, são inovadores e atuam de forma assertiva em relação a questões raciais e de gênero. Em 2023 foi criado o Instituto Itaúsa, com o objetivo de contribuir para o desenvolvimento sustentável do Brasil a partir de duas frentes: conservação do meio ambiente e produtividade/sustentabilidade. Faço parte do conselho e estou muito animada com as possibilidades de atuação do novo instituto em face das possibilidades do Brasil para pensar sua transição energética, assim como a preparação e a realização da COP-30.

Privilegiar o olhar social para a governança familiar e das empresas do grupo é minha contribuição para nos conscientizarmos de que, como família empresária, temos um papel na redução das desigualdades sociais no Brasil. Para garantir o desenvolvimento sustentável, com qualidade de vida e sem violência, precisamos ser, antes de tudo, um país justo e equânime.

## 7. Territórios e desigualdades

> O lugar é o espaço que acolhe o novo, mas que resiste a mudanças. Nele se guardam a cultura, a sociabilidade, a vizinhança, a solidariedade, a resistência.
>
> Milton Santos

O desenho e a implementação de políticas públicas pedem um debate complexo, já que necessariamente envolvem redes de relações, comunidades, territórios, sujeitos, identidades e singularidades. Ao mesmo tempo que muitos autores me ajudaram a pensar territórios, participação comunitária, espaço comum, pertencimento e relação entre global e local, sempre busquei manter olhar e escuta atentos, ativos e plurais para os territórios onde atuei, sem me deixar capturar por modelos teóricos ou paradigmas restritivos. O debate é complexo e a opção foi a busca de uma nova construção de forma intersetorial. Acho importante que o diálogo entre o micro e o macro se movimente numa interação contínua e de mão dupla, que respeite as singularidades e o espaço coletivo, sempre almejando o bem comum.

Em 2015, com a Fundação Tide Setubal prestes a completar dez anos, tínhamos clareza de estar num ponto de virada: era preciso redefinir para onde direcionar nossos esforços. Eu não estava convicta se deveríamos implementar o modelo do Galpão da Vila Lapenna, de gestão compartilhada com a comunidade, em outros territórios, como o bairro vizinho União Vila Nova. O conselheiro consultivo Haroldo Torres, que encabeçou o estudo do impacto de nossa primeira década em São Miguel, foi enfático ao afirmar que não fazia mais sentido, para a Fundação, ficar restrita à zona Leste paulistana. Em sua visão, compartilhada pelo conselheiro Maurício Ernica, deveríamos ampliar o escopo para periferias urbanas do país inteiro a partir da experiência no Lapenna.

Em 2016, depois do seminário Cidades e Territórios: Encontros e Fronteiras na Busca da Equidade, que mostrou o quanto tínhamos a dizer no debate público sobre cidades e desigualdade, partimos para desenhar uma nova missão para a Fundação, isto é, a síntese de diretrizes e princípios que a instituição adota para nortear seu trabalho. A psicóloga Paula Galeano, superintendente da Fundação, organizou um ciclo de conversas no âmbito do Conselho Consultivo, mediadas pelo cientista social Sérgio Sampaio, da Pacto Organizações Regenerativas: para entender nosso papel no contexto brasileiro, começaríamos imaginando cenários para os anos seguintes.

Naquele momento, já nos sentíamos bastante pessimistas em relação às políticas sociais. Na esteira do impeachment de Dilma Rousseff, a pauta social retrocedia. Nos anos anteriores, eu havia me aproximado da política e atuado em duas campanhas eleitorais. Com apoio e incentivo do Conselho Consultivo, decidimos que cabia também à Fundação Tide Setubal assumir um protagonismo mais político — porém não partidário.

Em 2019, apoiamos uma pesquisa sobre o conservadorismo e as questões sociais no Brasil, realizada em parceria com o Plano CDE e coordenada pelos pesquisadores Esther Solano e Camila Rocha. Ela foi bastante emblemática, por ter sido uma das primeiras a ter feito esse mergulho no tema para buscar entender o posicionamento do campo conservador não radical diante das temáticas sociais. Já naquele momento percebíamos que nossa forma de nos comunicar e de nos mobilizar para nossas causas não conversava com esse campo. Precisávamos furar nossa bolha, ampliar nossos públicos, disputar as narrativas, e o estudo trouxe um material precioso, a que até hoje recorremos para nos apoiar.

Para ampliar a conversa, criamos grupos de trabalho com temas que atravessam nosso eixo principal de atuação: raça, gênero, tecnologias, juventudes e esportes. Nossos colaboradores se dividiram em grupos temáticos para preparar seminários internos. Vivemos momentos muito intensos nas apresentações. O seminário sobre raça, coordenado pela psicóloga Viviane Soranso e pelo sociólogo Wagner "Guiné" Silva, foi um ponto de virada para todos nós: metade da equipe era composta de pessoas negras. A agenda racial, que até então ficava mais restrita às pessoas negras da equipe, ganhou força institucional na Fundação. Embora ainda estivéssemos longe de prever o crescimento da extrema-direita que chegaria ao poder em 2018, as discussões em torno da nova missão tinham como premissa o retrocesso das políticas sociais brasileiras, que iam na direção de uma direita patrimonialista. Com o debate, tomamos consciência de como era importante, para a Fundação Tide Setubal, construir estratégias de atuação no espaço público nacional tendo como foco a agenda das periferias urbanas. Foi então que desenhamos a nova missão:

> Fomentar iniciativas que promovam a justiça social e o desenvolvimento sustentável de periferias urbanas e contribuam para o enfrentamento das desigualdades socioespaciais das grandes cidades, em articulação com diversos agentes da sociedade civil, de instituições de pesquisa, do Estado e do mercado.

Definimos democracia, diversidade, equidade e colaboração como valores prioritários. Como princípios orientadores de nossa atuação, trabalhamos para que:

- O poder público tenha ferramentas que ajudem a direcionar seus recursos de forma articulada para os territórios que mais precisam.
- Haja maior diversidade de raça e gênero nos espaços públicos e privados de decisão, de forma a reduzir os estigmas e a distância subjetiva entre centro e periferia.
- Seja possível ampliar a cultura democrática e a capacidade de protagonismo dos agentes dos territórios na determinação das prioridades e práticas locais.
- O setor privado tenha incentivo para investir na melhoria da infraestrutura física e social dos territórios.
- Os territórios estabeleçam conexões e valorizem seus saberes para ampliar sua capacidade de geração de renda.

Com a nova missão institucional, nossa intenção era pensar o Lapenna como um *case*. Queríamos aproveitar nossa experiência com o território para pensar transformações nas periferias. Começamos a debater com a comunidade uma reforma do Galpão do Lapenna, encabeçada pelo arquiteto Rodrigo Mindlin Loeb. Foi um processo muito bonito, que revelou um desejo de mudança. Em nossa visão, as periferias são espaços de geração de oportunidades e funcionam como eixo integrador no ciclo das políticas públicas. A ideia era que com a reforma o novo Galpão se firmasse como lugar de fomento e reverberação de práticas de inovação, transformação e empreendedorismo.

Quando foi reinaugurado, em 2019, além do Ponto de Leitura e da cozinha industrial, o Galpão havia ganhado auditório, *coworking*, salas de reuniões e de aulas e churrasqueira. Completamente aberto à comunidade, tornou-se dinâmico e diverso e serve de ponto de encontro entre gerações, com muitas atividades e festas. A programação, orquestrada por Marcelo Ribeiro e pela jornalista Andrelissa Ruiz, segue três eixos: oportunidades econômicas, infraestrutura urbana e desenvolvimento humano.

Com o objetivo geral de ampliar oportunidades de geração de renda, apoiar o empreendedorismo local e fomentar inovações em tecnologia, negócios de impacto e a comunicação em rede, o espaço passou a ser chamado de Galpão ZL, e não mais Galpão de Cultura e Cidadania. O novo nome indica a busca por um público-alvo maior, da região, e também um lugar de intercâmbio com outras periferias da cidade.

Para a Fundação, o novo Galpão ZL marcou uma virada de 180 graus. Já tínhamos clareza da complexidade e da multideterminação dos indicadores relacionados ao desenvolvimento local. Mas até ali havíamos nos limitado à região de São Miguel Paulista, onde interviemos mais especificamente em três bairros. Nossos colaboradores tinham sido contratados e formados para atuar nesse escopo. Com a mudança radical, foi preciso reestruturar a organização, o que gerou insegurança e fraturas nas equipes.

Tivemos dois anos muito difíceis. Várias pessoas saíram, outras se adaptaram e foram se capacitando no novo modelo. Em 2017, a psicóloga Tide Setubal, minha filha, retornou à Fundação, integrou-se ao Conselho Curador e criou o projeto Territórios Clínicos com o objetivo de democratizar o acesso aos cuidados de saúde mental em comunidades periféricas. Nesse ano, Márcia Lima, professora de sociologia na USP e pesquisadora do Centro Brasileiro de Análise e Planejamento (Cebrap), passou a integrar nosso Conselho Consultivo, tendo tido papel fundamental na formação da equipe no tema da diversidade e nas discussões teóricas que realizamos para embasar a nova missão institucional.

Diferentemente de outras organizações, tínhamos um ativo muito valioso: uma equipe ancorada no território, constituída assim desde o início da nossa atuação, como mencionei no capítulo "O social como prioridade". Mas ainda faltava a experiência no debate público mais amplo, o que tentamos suprir com um processo de formação intenso e contínuo. Em 2018, com as mudanças na equipe e o aprofundamento do debate sobre a nova missão, abrimos um processo para selecionar dois coordenadores e optamos por contratar pessoas negras. Convidei para o Conselho Curador o professor de geografia e de educação Jailson de Souza e Silva, que já havia participado do seminário Cidades e Territórios, entre outros trabalhos que realizamos juntos, e a filósofa e ativista Sueli Carneiro, fundadora do portal Geledés, a quem eu não conhecia pessoalmente. Com essas mudanças, alcançamos em 2018 um equilíbrio entre pessoas brancas e negras em todas as instâncias da governança da Fundação Tide Setubal.

Além de contribuições para o conselho, com posições e orientações firmes e sinceras, Sueli e Jailson oferecem apoio à nossa equipe em temas específicos, participam de eventos e debatem questões, divergências e dúvidas sobre os nossos programas e projetos. A presença deles me dá muita segurança para assumir meus posicionamentos públicos e minhas crenças pessoais. Jailson nos trouxe a potência da favela e das comunidades como forma de existência, resistência e pertencimento. Enfatizou a necessidade de discutirmos modelos arquitetônicos de moradia popular e a importância das convivências plurais, dos mestres da cultura e da produção de conhecimento e de dados, frentes em que vem trabalhando desde 2001 no Observatório de Favelas, organização que ajudou a criar no Rio de Janeiro.

Já Sueli nos lembra sempre que a história do racismo não começou agora e que, como sociedade, nós o invisibilizamos por séculos, sob o conceito dissimulador da democracia racial. Sua tese de doutorado, *Dispositivo de racialidade: A construção do outro como não ser como fundamento do ser*, só foi publicada em 2023, dezoito anos após a defesa, quando ela já falava dos conceitos essenciais de dispositivo racial e epistemicídio.

Em 2023, foi a vez de a jornalista Flávia Oliveira, colunista do jornal *O Globo* e comentarista política da GloboNews, integrar-se ao conselho curador da Fundação. Em 2022, nosso conselho fiscal era composto de meus filhos Guilherme Setubal Souza e Silva, administrador de empresas, e Fernando Setubal Souza e Silva, economista, e de três membros independentes: o administrador de empresas Renato Moreira, a economista Roseli Faria e a advogada Lígia Batista.

A IMPLEMENTAÇÃO da nova missão institucional da Fundação Tide Setubal foi muito intensa para todos os implicados. Embora tenhamos trabalhado com desigualdades, periferias, mulheres, negros e políticas públicas desde o início, o redirecionamento deu a todas essas dimensões um novo foco, com intencionalidade maior e prioritária. A questão do enfrentamento ao racismo ganhou ênfase especial. Pessoalmente, busquei subsídios para entendê-la melhor em autores negros brasileiros como Lélia Gonzalez, Clóvis Moura, Abdias do Nascimento, Hélio Santos e Silvio Almeida, e também em norte-americanos e africanos, como W. E. B. Du Bois, bell hooks, Patricia Hill Collins, Frantz Fanon e Achille Mbembe.

Olhei a questão também pelo viés de outras linguagens. Conheci a literatura de James Baldwin, Chimamanda Ngozi Adichie, Scholastique Mukasonga, Cidinha da Silva, Jeferson Tenório e Geovani Martins, e retomei Conceição Evaristo. Descobri artistas visuais incríveis, como Rosana Paulino, Dalton Paula e Sonia Gomes. Mergulhei na *Enciclopédia negra* editada pela antropóloga Lilia Schwarcz, pelo artista Jaime Lauriano e pelo historiador Flávio dos Santos Gomes, reaprendendo sobre personagens importantes da nossa história. Ouvi Emicida ("tudo o que nóiz tem é nóiz"), o rap dos Racionais e o samba de enredo campeão da Mangueira em 2019, que cantou a possibilidade de um outro país, "Histórias pra ninar gente grande" — a autoria é de Deivid Domênico, Tomaz Miranda, Mama, Márcio Bola, Ronie Oliveira, Danilo Firmino, Manu da Cuíca e Luiz Carlos Máximo:

> *Deixa eu te contar*
> *A história que a história não conta*
> *O avesso do mesmo lugar*
> *Na luta é que a gente se encontra*
> *[…]*
> *Tem sangue retinto pisado*
> *Atrás do herói emoldurado*
> *Mulheres, tamoios, mulatos*
> *Eu quero um país que não está no retrato*

Em 2020, as imagens do assassinato brutal de um homem negro, George Floyd, por policiais em Mineápolis, correram o mundo, gerando revolta e intensificando o movimento Black Lives Matter. No Brasil, a resposta veio na forma de uma grande mobilização do movimento negro e do surgimento do manifesto Enquanto Houver Racismo, Não Haverá Democracia, promovido pela Coalizão Negra por Direitos, composta de mais de duzentas organizações negras do país. O movimento negro brasileiro organizado, que tem uma história de décadas, começou enfim a ganhar visibilidade na mídia e na sociedade. Ganhou peso a denúncia do racismo velado na publicidade de algumas empresas e na mídia. Muita gente se deu conta da extensão do racismo estrutural brasileiro.

Na Fundação Tide Setubal, já tínhamos o Programa Raça e Gênero, liderado por Vivi Soranso, umas das coordenadoras de programação do Galpão ZL. Com o debate sobre as questões raciais ganhando força na opinião pública, fomos sistematizando nossa experiência nesse campo e ao mesmo tempo ocupando um papel de liderança entre as organizações brancas ao falar da nossa responsabilidade na construção da equidade racial. Em 2019, havíamos criado o Comitê de Diversidade e Inclusão, formado por pessoas de diferentes níveis hierárquicos e com a função de buscar equidade de gênero e raça para pessoas com deficiência, imigrantes e territórios. O grupo também busca transformar hábitos que foram enraizados por meio de normas e valores, além de partilhar nossas expectativas e atitudes em relação à diversidade com a equipe, os colaboradores, os fornecedores, os parceiros e os públicos atendidos. Em 2020, o comitê estruturou a Política de Diversidade e Inclusão da Fundação Tide Setubal.

Outro tema que mereceu atenção especial nesse período foram as cotas raciais. A lei de 2012 previa uma revisão da política de cotas em dez anos. Ainda que a maioria dos juristas afirmasse que não haveria possibilidade de revogação, houve grande inquietude em relação ao tema no momento da revisão, que aconteceu sob o governo Bolsonaro (2019-22). Em parceria com outras fundações, apoiamos o Consórcio de Acompanhamento das Ações Afirmativas, coordenado pelo Gemaa IESP-UERJ (Grupo de Estudos Multidisciplinar da Ação Afirmativa do Instituto de Estudos Sociais e Políticos da Universidade do Estado do Rio de Janeiro) e pelo Afro-Cebrap (Núcleo de Pesquisa e Formação em Raça, Gênero e Justiça Racial do Centro Brasileiro de Análise e Planejamento), liderado por Márcia Lima, do conselho consultivo da Fundação. O consórcio conduziu um grande estudo envolvendo sete universidades: Universidade Federal da Bahia (UFBA), Universidade Federal de Minas Gerais (UFMG), Universidade Federal do Rio de Janeiro (UFRJ), Universidade Federal de Santa Catarina (UFSC), Universidade de Brasília (UNB), Universidade do Estado do Rio de Janeiro (Uerj) e Universidade Estadual de Campinas (Unicamp). O estudo mostra a consolidação da presença de pessoas negras nas instituições. Nas palavras de Sueli Carneiro, "as cotas se constituíram num dos principais e mais exitosos remédios para enfrentamento das desigualdades de raça, gênero e social". Com a pandemia e o alastramento do movimento Vida Negras Importam, muitas ONGs, fundações, institutos e empresas nos requisitaram para relatar nossa experiência nesse campo. Foi um momento importante e rico para a Fundação, e ajudou a amadurecer internamente as conquistas da equipe.

Para além de todos esses movimentos, senti necessidade de ampliar o espaço de produção e difusão de conhecimento sobre a questão racial. Assim, propus uma parceria ao Itaú Cultural para criarmos juntos uma plataforma on-line dedicada a produzir e dar acesso a conteúdos mais robustos sobre o tema. Ainda sem saber exatamente como seria seu desenho, convidamos para o conselho a escritora Ana Maria Gonçalves, o compositor e cantor Tiganá Santana e Sueli Carneiro. Por meio de reuniões mensais com conselheiras e conselheiros, realizamos um intenso e rico processo de discussão entre as equipes da Fundação Tide Setubal e do Itaú Cultural para definir o perfil da plataforma, tendo como norte o conceito de ancestralidade.

Do processo, nasceu a plataforma Ancestralidades, espaço virtual vivo e dinâmico, voltado a "evidenciar as criações dos diversos Brasis baseados em saberes, histórias e culturas da população negra". Há cursos, entrevistas, vídeos e notícias em campos como arte e cultura, democracia e direitos humanos, ciência e tecnologia, religiosidade e espiritualidade. Uma coleção de verbetes — biografias, trajetórias, termos e conceitos — remete aos marcos históricos da presença negra no Brasil.

No Gife, também fizemos da causa da equidade racial uma prioridade, como mencionei no capítulo anterior, "Interregno". O grupo já vinha discutindo essa questão em várias frentes de trabalho quando o assassinato de Floyd a trouxe à tona. No Congresso Gife de 2018, lançamos o Fundo Baobá para Equidade Racial, que mobiliza recursos privados — de apoiadores como as fundações Kellogg e Ford, MacKenzie Scott e Instituto Ibirapitanga — visando fortalecer lideranças e organizações negras para o enfrentamento do racismo. No ano seguinte, propusemos incluir a equidade racial entre os eixos temáticos a serem trabalhados pelo investimento social privado.

Meu envolvimento com a causa racial gerou convites para falar do tema em empresas, fundações e escolas. Como aliada branca, sei que cumpro um papel importante, por isso faço questão de enfatizar que o racismo não é um problema apenas das pessoas negras, mas de toda a sociedade brasileira.

Mesmo tendo atuado no enfrentamento das desigualdades desde a faculdade, de início não pus o foco na questão racial — nem ao longo da minha atuação profissional, nem na educação de meus filhos. Hoje fico feliz quando minha neta conta que aprendeu comigo o antirracismo, ou meu neto explica a um amigo que sua avó foi convidada para jantar com Vini Jr. porque o trabalho dela é lutar contra o racismo. Em 2022, tive a honra de receber o Troféu Raça

Negra, da Afrobras – Inclusão e Empoderamento Afroétnico, que celebra personalidades atuantes no combate ao racismo.

A questão racial entrou na minha vida de forma profunda. Sinto que só alcancei uma compreensão mais completa da história do Brasil ao ler o romance *Um defeito de cor*, de Ana Maria Gonçalves. É um livro maravilhoso. Através dos personagens, a autora nos conecta às ancestralidades com histórias cotidianas de pessoas negras escravizadas em diferentes cidades brasileiras, das ordens que formavam para se ajudar, das rebeliões que organizaram — coisas que não eram contadas em sala de aula até pouco tempo atrás. Entendi o significado das festas, da dança e da alegria como formas de resistência. Aquilo que Vini Jr. mostrou ao mundo quando foi alvo de racismo na Espanha, em 2022: "Não vou parar de bailar. Seja no sambódromo, no [estádio Santiago] Bernabéu ou onde eu quiser".

Hoje tenho clareza de que a Fundação Tide Setubal tem um papel de liderança como organização branca que luta pela causa da equidade racial na sociedade brasileira.

## *Desafios da pandemia*

Quando a pandemia de covid-19 foi declarada, em março de 2020, e as mortes começaram a crescer no mundo inteiro, passamos a viver na incerteza: não se sabiam quais chances tínhamos de vencer o vírus nem quanto tempo levaria para desenvolver uma vacina. Assim como todo mundo, nós do Gife fomos tomados de surpresa, e a insegurança se espalhou entre os associados. Rapidamente organizamos uma reunião semanal, que chamamos de Emergência covid, para trocar ideias e informações sobre o contexto sanitário e decidir as linhas de ação. Fundações, institutos e empresas saíram à frente dos governos, fazendo e organizando doações de equipamento hospitalar, kits de higiene e alimentos.

Lideranças de favelas e comunidades foram grandes articuladoras e distribuidoras de doações. A Central Única das Favelas (Cufa), liderada por Preto Zezé, de quem tenho a honra de ser amiga, a Gerando Falcões, com a jovem liderança de Edu Lyra, e diversas organizações que atuam em Paraisópolis, no município de São Paulo, e nas Redes da Maré, lideradas pela minha amiga Eliana Sousa Silva no município do Rio de Janeiro, criaram esquemas para que as comunidades tivessem acesso a médicos, cuidados em domicílio, serviços de ambulância. As lideranças se organizaram para cuidar de cada rua de seus bairros. O resultado foi surpreendente: nessas localidades, o número de mortes ficou abaixo da média de suas cidades.

No âmbito da Fundação Tide Setubal, foi marcante o surgimento, espontâneo e orgânico, das Guardiãs do Jardim Lapenna, grupo territorial de mulheres que, durante a pandemia, distribuía entre as famílias mais vulneráveis as doações recebidas pela comunidade. Aos poucos, elas consolidaram seu trabalho no bairro e acabaram ficando conhecidas na região inteira. Foram chamadas a falar da experiência em outros bairros, participaram de programas de TV. Prosseguiram o trabalho após o período crítico da pandemia: três anos depois, contavam com mais de 150 participantes. As Guardiãs do Jardim Lapenna vão além de complementar o trabalho assistencial local: só em 2022, organizaram atividades de formação para as crianças das escolas municipais, participaram do Plano de Bairro, receberam formações em democracia, direitos humanos e sustentabilidade. Três delas cursaram, como alunas especiais, o mestrado em mudança social e participação política na Escola de Artes, Ciências e Humanidades (EACH) da USP Leste. Em 2023, o grupo alugou um espaço próprio, onde oferece cuidados e orientações para mulheres.

Foi muito interessante ver nascer no Lapenna um grupo de ação comunitária tão inovador, que se volta às mulheres em geral, sem priorizar famílias ou mães. De viés inicial mais religioso, com foco em caridade, as participantes foram aos poucos se voltando para a defesa dos direitos da mulher. Conseguiram conquistar um lugar na comunidade local, onde hoje são respeitadas e reconhecidas. O foco no feminino traz o cuidado como consequência necessária — basta pensar no nome, "guardiãs" —, além de um olhar para o bairro e para as famílias. Porém, antes de mais nada, essas mulheres escolhem olhar para si mesmas, sua vida, seus conflitos, interesses e necessidades.

Durante a pandemia, o *Jornal Nacional* criou um quadro diário que mencionava as empresas que faziam doações para o combate à covid. Era a primeira vez que o jornalismo da TV Globo fazia isso: em geral, empresas doadoras ou financiadoras de projetos e trabalhos sociais não eram mencionadas nas reportagens sobre o tema. O Gife foi uma fonte de informação importante para os produtores do quadro, que acabou gerando uma competição saudável entre possíveis doadores. Com isso, a arrecadação aumentou, alcançando um montante de R$ 5,3 bilhões, segundo o Censo Gife de 2020 — em 2019, o total havia sido de R$ 3,1 bilhões, em valores atualizados. Em 2021, o total investido foi de R$ 4,4 bilhões, segundo a mesma fonte.

Na hora de distribuir as doações, recorríamos a lideranças como as Guardiãs do Jardim Lapenna para chegar às famílias mais necessitadas. A capilaridade dessas mulheres nos territórios nos ajudava bastante, ainda mais considerando as dificuldades adicionais do momento: o Cadastro Único para Programas Sociais (CadÚnico), ferramenta que o país usa há décadas para mapear vulnerabilidades, não foi devidamente atualizado no governo Bolsonaro, que também sonegava informações sobre a pandemia à população, propagandeava tratamentos sem eficácia para a covid e estimulava a desobediência aos protocolos sanitários, enquanto o número de mortes crescia.

Para mim 2020 foi um ano em que a tragédia da pandemia se mesclou a uma carga enorme de trabalho. E sei que não sou exceção. Eram reuniões, lives e entrevistas que começavam cedo e seguiam até a noite, quase sem intervalo. Precisei dessa intensidade para dar uma resposta à minha angústia de ver tanta gente sem emprego e sem ter o que comer em meio à crise sanitária, tanta gente morrendo. Eu tinha que fazer alguma coisa. Conseguia me acalmar ao passar o dia dando apoio a projetos, articulando doações e doadores e ajudando a arrecadar fundos para fomentar pesquisas.

Usamos o Galpão ZL como centro de apoio para a distribuição de doações às famílias do Lapenna, sob a coordenação de Andrelissa Ruiz e Marcelo Ribeiro. Conseguimos desenvolver alguns projetos de ajuda à comunidade, como cursos de culinária à distância e a Bike Literária, que entregava em domicílio livros que os moradores escolhiam por WhatsApp. A Fundação lançou editais voltados a iniciativas que se dedicavam a estudar e combater a covid; apoiou pesquisas acadêmicas sobre diversos aspectos da pandemia, fez alianças com outras organizações para subsidiar projetos e apoiou outras tantas. Também resgatamos a dimensão da assistência social, entendendo que ela deve ter um lugar transversal em nossos projetos, especialmente quando lidamos com o empreendedorismo de baixa renda. Nessa perspectiva, nosso programa Nova Economia e Desenvolvimento Territorial, coordenado pela economista Kenia Antonio Cardoso, busca reforçar a centralidade dos sistemas alimentares para pensar a ampliação da renda.

A área de fomento, liderada por Wagner Silva, o Guiné, cresceu muito, lançando editais com instituições parceiras para apoiar pequenos empreendimentos nas periferias do Brasil inteiro, em esquema de *matchfunding* — no qual um doador se compromete a duplicar ou triplicar o valor investido por outros. Incrementamos também o apoio a iniciativas que chegam pelo formulário no site da Fundação. Entre eles chegaram vários projetos de pesquisa, campo particularmente penalizado pelo governo Bolsonaro, que cortou sistematicamente recursos de universidades.

A pandemia deu visibilidade às desigualdades territoriais das grandes cidades e, ao mesmo tempo, à capacidade das novas lideranças das favelas — frequentemente homens e mulheres jovens, que fizeram cursos universitários graças a programas de cotas ou ao Programa Universidade para Todos (ProUni), criado em 2004. Esses jovens ocuparam espaços e se fizeram ouvir, revelando organizações comunitárias potentes e com capilaridade. Anielle Franco, que no governo Lula 3 seria ministra da Igualdade Racial, surgiu nesse contexto, assim como outras e outros que ganharam prêmios, assumiram cargos governamentais ou seguem em suas organizações.

Para as eleições municipais de 2020, a área de orçamento da Fundação Tide Setubal, liderada pelo consultor em gestão pública Pedro Marin, desenvolveu com a Secretaria Municipal da Fazenda de São Paulo um trabalho de descentralização orçamentária baseado no Índice de Distribuição Regional do Gasto Público (IDRGP), que agrega indicadores de vulnerabilidade social, infraestrutura urbana e demografia para direcionar recursos. O índice virou lei e foi usado pela cidade no Plano Plurianual 2022-25. Hoje as subprefeituras recebem recursos discricionários, isto é, para uso livre, sem amarras orçamentárias, calculados conforme as desigualdades em suas regiões.

Foi no biênio 2020-21 que os territórios de fato entraram na agenda das políticas públicas. Para a missão da Fundação Tide Setubal, esse foi um ganho importante, que potencializou nossos programas e atuação. De forma semelhante, a pandemia aproximaria a opinião pública das questões da Amazônia e da mudança climática. Vimos um salto de conscientização em relação a esses temas, que entraram na pauta das políticas públicas e das campanhas eleitorais de 2022.

Cuidar das organizações e das pessoas nos territórios mais vulneráveis durante a pandemia implicou cuidar também da nossa equipe. Todos precisavam de um notebook para trabalhar, custos de conexão cobertos e cuidados com a saúde mental. Fizemos happy hours remotos, com aperitivos entregues na casa de cada colaborador. Na gestão de pessoas, temos buscado aprimorar os planos de carreira, os processos de avaliação, os salários e o bem-estar em geral. E seguimos sempre buscando capacitar a equipe, pois a formação, sabemos, é um instrumento de fortalecimento pessoal.

No Gife, ao iniciativa Emergência Covid seguiu até 2021. Mantivemos outras organizações e a mídia informados sobre doações e organizamos em formato on-line o Congresso Gife daquele ano, com o tema Fronteiras da Ação Coletiva. Foi um biênio de muitos aprendizados e ações colaborativas. Em junho de 2021, terminou meu mandato. A experiência me deu uma visão mais integral do campo do investimento social privado, aprofundando meu entendimento das potências e também dos limites de um setor bastante heterogêneo. Foi muito importante para mim estar à frente do Gife na pandemia, ao lado do secretário-geral José Marcelo Zacchi, ajudando a organizar e a articular o setor em um momento de demandas urgentes e incontáveis problemas. Sinto que conseguimos dar conta dos desafios e que isso contribuiu para tornar o terceiro setor mais conhecido e reconhecido pela sociedade brasileira em geral.

## *Lupa na cidade*

A Fundação Tide Setubal entrou em 2021 com a equipe motivada. Temas que já eram prioritários em nossa agenda, como desigualdades, equidade racial e territórios, vieram à tona durante a pandemia, e nossos programas ganharam muita visibilidade. Mas a estrutura criada em 2016-17, quando elaboramos a nova missão institucional, já não dava conta desse novo quadro. A economista Mariana Almeida, que completava dois anos como diretora-executiva da Fundação, reorganizou nossas áreas e programas.

Chamamos o Insper para elaborar uma teoria da mudança para os dez anos seguintes. A aplicação dessa metodologia de estudo e planejamento nos deu novos parâmetros de acompanhamento e de resultados. A ideia é basicamente reconhecer os pontos críticos que bloqueiam o desenvolvimento de determinada área urbana, o que pode ser um diferencial na promoção do crescimento e da qualidade de vida da região e seus habitantes. Em um contexto de recursos limitados, a focalização permite que os esforços sejam concentrados em quem realmente precisa e onde a intervenção pode ser mais efetiva.

O estudo criou uma série de indicadores para usarmos em nossas avaliações de impacto, partindo de oito macrotemas: segurança pública, emprego e renda, educação, capital social, saúde pública, lazer e cultura, infraestrutura básica, moradia e mobilidade urbana. Em cada um deles, consideram-se insumos, atividades, produtos, resultados esperados, métricas e Objetivos de Desenvolvimento Sustentável (ODS). Passamos a usar esses indicadores para monitorar os avanços no Jardim Lapenna, fazendo um levantamento bienal de dados, que são comparados aos de um território-controle que também fica na zona Leste, o Jardim Keralux, onde a Fundação não fez nenhuma intervenção.

Além das métricas — que podem ter efeito de demonstração para outras localidades e organizações ao estabelecer parâmetros para a implementação e a avaliação das políticas públicas —, o estudo demostra que parcerias entre organizações sociais privadas, poder público, universidades e empresas podem fazer uma diferença real na qualidade de vida de um bairro como o Jardim Lapenna — onde cerca de 12 mil habitantes, segundo estimativa da Unidade Básica de Saúde (UBS) local, vivem em áreas de alta vulnerabilidade social. O trabalho gerou em 2021 a publicação *A lupa na cidade: Painel de indicadores de desenvolvimento de áreas urbanas vulneráveis*, que expõe indicadores para avaliar problemas críticos em áreas urbanas de grandes capitais e aplica o painel geral ao contexto do Jardim Lapenna. Nesse esforço de sintetizar nossa experiência e nossos aprendizados, Mariana Almeida levou a Fundação Tide Setubal a um novo patamar. Com uma liderança e uma escuta agregadoras, possibilitou que cada pessoa ocupasse seu lugar com segurança e crescesse profissionalmente. A partir dos indicadores do Lupa na Cidade, o programa de urbanismo liderado pela socióloga especializada em administração pública Fabiana Tock ganhou impulso, fazendo de 2023 um ano de obras. Entramos no debate sobre a requalificação urbana do Jardim Lapenna — algo inédito para nós — de caso pensado: sabíamos que, para os moradores, a virada na qualidade de vida passa pela solução de questões como enchentes, saneamento básico e moradia, como ficou evidente na discussão do Plano de Bairro.

Obviamente, as obras infraestruturais necessárias no Lapenna são de tal porte que precisam envolver o poder público. A Fundação doou à cidade o projeto de execução e assumiu a articulação de todos os atores, instâncias públicas e empresas envolvidas. Mesmo assim, tínhamos consciência de que estávamos dando um passo audacioso, fora do padrão de atuação do investimento social privado. Fizemos uma parceria com a Blend Lab, associação que viabiliza projetos de moradia popular com financiamento misto, e partimos para a contratação do projeto, sempre em diálogo com os técnicos das secretarias municipais.

O processo atravessaria diversas instâncias, e o vaivém de secretários e técnicos o tornou ainda mais lento e burocrático. Quase três anos depois, o projeto Caminhabilidade foi licitado e as obras começaram. Elas integram o Lapenna ao centro de São Miguel Paulista e envolvem a requalificação de ruas e praças — com calçamento, iluminação, mobiliário urbano — e a criação de áreas para pedestres. Também foi licitada em 2023 uma obra que deve resolver as enchentes no bairro. E em meados daquele ano desenvolvemos o +Lapena Habitar, projeto privado de habitação inovador, que busca oferecer à população opções de moradia digna para aluguel, com propriedade coletiva. Fizemos um concurso entre escritórios de arquitetura, que formularam propostas de construção de moradias em dois terrenos, em pontos diferentes do bairro. Quando terminei esse livro, estávamos em processo de avaliação e escolha. Para nós, são vitórias enormes. Sabemos que tivemos um papel fundamental para fazer com que obras tão estruturantes para o bairro finalmente saíssem das gavetas dos gabinetes.

## *Pluralidade e equidade*

Contar com uma equipe composta de profissionais com trajetórias diferentes e de etnias e identidades de gênero diversas é central para o trabalho da Fundação Tide Setubal no enfrentamento das desigualdades. Com Mirene Rodrigues São José à frente, a gerência de Desenvolvimento Organizacional zela por essa diversidade. Em 2023, a equipe era formada por trinta pessoas, sendo dezenove mulheres e uma que se autodeclara travesti. Das pessoas que ocupam cargos de liderança — coordenadores e gerentes —, 64% são mulheres e 55% se autodeclaram negros. O mesmo censo interno mostrava, ainda, que 72% de nossos funcionários têm trajetória periférica.

Nas políticas implementadas por nosso Comitê de Diversidade e Inclusão, assumimos diversos compromissos públicos. Além de garantir e manter a diversidade na contratação de colaboradores e fornecedores e de incorporá-la a nossos eventos, materiais e fomentos, decidimos realizar censos periódicos da equipe, oferecer formação em diversidade, inclusive para os fornecedores, tornar pública nossa política de diversidade e combater episódios de discriminação, humilhação e intimidação. Para criar um ambiente de trabalho livre de discriminação, temos um Canal de Acolhimento, espaço aberto e seguro para relatos, sugestões e críticas.

Outro ponto importante da governança é nossa política de integridade, documento que orienta nosso trabalho e nossos processos para mitigar conflitos e problemas e aplicar soluções a questões cotidianas, da porta para dentro ou da porta para fora. Para garantir a ética e a transparência, combatendo fraudes e corrupção, o documento define condutas esperadas para prevenir e detectar as práticas inadequadas, ilegais ou antiéticas, e estrutura diretrizes e parâmetros para a aplicação de penalidades.

Outra área em que a Fundação avançou muito nos últimos anos foi a comunicação. Além de oferecer apoio transversal a todos os programas, ela se volta cada vez mais para o mundo: a ideia é adensar o debate público sobre justiça social, desenvolvimento das periferias urbanas e enfrentamento das desigualdades, gerando engajamento e mobilização para a mudança social.

A partir da causa das desigualdades, a jornalista Fernanda Nobre, gerente da área, testou novas linguagens e lançamos editais de fomento à produção de vídeo nas diferentes regiões do país. Também fizemos podcasts para jovens, sobre política, educação e religião, e usamos nossos canais no Instagram, YouTube e LinkedIn para apoiar e disseminar narrativas das juventudes periféricas.

O desafio da comunicação é manter a Fundação Tide Setubal em diálogo constante com nossos públicos e com a sociedade em geral. Temos visto resultados positivos desse esforço, como o crescimento de seguidores e de grupos de WhatsApp ligados ao Galpão ZL.

## *Em defesa da democracia*

Democracia e Cidadania Ativa é um dos programas da Fundação Tide Setubal, coordenado pelo sociólogo Uvanderson Vitor da Silva. Trabalhamos bastante a participação dos moradores do Jardim Lapenna no Fórum dos Moradores, no Plano de Bairro e em outros grupos de lideranças. Em nível macro, nossa participação em defesa de princípios e direitos democráticos estava mais restrita ao Pacto pela Democracia.

Em janeiro de 2021, quando o democrata Joe Biden tomou posse como presidente dos Estados Unidos, o Capitólio, sede do Poder Legislativo norte-americano, foi invadido por apoiadores do republicano Donald Trump, candidato derrotado que não reconhecia o resultado das eleições. O então presidente brasileiro Jair Bolsonaro endossou abertamente a posição de Trump. Aquilo me deixou assustada e em estado de alerta. Sua fala equivalia a preanunciar um golpe — o golpe que aconteceria caso ele não se reelegesse nas eleições presidenciais do ano seguinte.

Nessas horas, minha ansiedade vai longe, e a única maneira de aplacá-la é agindo. Comecei a articular as pessoas do meu entorno para buscar uma mobilização que fosse além de nossa bolha de ONGs e institutos progressistas. Para fazer frente à expansão da extrema-direita, era preciso ganhar o apoio de outros segmentos. Eu achava fundamental trazer representantes de um setor produtivo mais progressista para a defesa da democracia e dos princípios da ética e da justiça. Participei ativamente de vários grupos que trabalharam para arregimentar empresários, advogados e profissionais liberais dispostos a se pronunciar publicamente a favor da democracia.

Em 5 de agosto de 2021, 267 empresários, juristas e economistas foram os primeiros signatários de uma carta em defesa do processo democrático. A mensagem era simples e direta: "O Brasil terá eleições e seus resultados serão respeitados". Em tom sóbrio, mas firme, e mencionando a pandemia, Guilherme Leal, Pedro Parente, Luiza Trajano, Pedro Moreira Salles, Roberto Setubal, Nelson Jobim, Gustavo Loyola, Renato Janine Ribeiro, Celso Lafer, entre muitos outros, enfatizavam que um futuro mais próspero e justo "só será possível com base na estabilidade democrática":

> O princípio-chave de uma democracia saudável é a realização de eleições e a aceitação de seus resultados por todos seus envolvidos. A Justiça Eleitoral brasileira é uma das mais modernas e respeitadas do mundo. Confiamos nela e no atual sistema de votação eletrônico. A sociedade brasileira é garantidora da Constituição e não aceitará aventuras autoritárias.

Fiz parte do grupo que criou, em 2018, o Pacto pela Democracia, ação que apoio e acompanho até hoje, e que congrega mais de duzentas organizações. O Pacto teve um papel arregimentador importante em 2021 e 2022, organizando várias frentes de trabalho. Também busquei articulações para apoiar grupos de pesquisa e comunicação que atuavam no mapeamento das redes sociais bolsonaristas e na produção de contranarrativas para enfrentar a desinformação. Além de tudo isso, participei de grupos de discussão e articulação que, embora não mantivessem encontros regulares, funcionavam na troca de informações importantes sobre o processo político e eleitoral.

Um dos momentos mais tensos de 2021 foi a semana do dia 7 de Setembro: na leitura de analistas políticos, Bolsonaro usou a data como balão de ensaio do golpe que poderia ser desfechado a qualquer momento. Naqueles dias, as ameaças de golpe ou de manifestações de rua violentas acabaram não se confirmando, provavelmente porque diversos setores da sociedade, inclusive as organizações do Pacto pela Democracia, manifestaram resistência aberta em cartas de repúdio aos ataques contra o Estado democrático.

O ano de 2022 começou a todo vapor, com a perspectiva das eleições presidenciais. Diante da possibilidade real de uma nova vitória de Jair Bolsonaro, as iniciativas de defesa da democracia que a Fundação Tide Setubal vinha apoiando desde 2021 ganharam potência e novos parceiros. Criamos o grupo Mesa de Iniciativas, que a princípio se reunia a cada quinze dias e, a partir do segundo semestre, semanalmente. Nos encontros, havia representantes de organizações atuantes em diversos setores da sociedade civil, além de conexões internacionais. O foco era defender as eleições democráticas e as urnas eletrônicas dos ataques intensos de Bolsonaro e seus seguidores, e assim oferecer resistência real ao gabinete do ódio, como ficou conhecido o aparato digital criado por extremistas para disseminar notícias falsas.

Em 11 de agosto, fiz parte de um grande evento no largo de São Francisco, liderado pela Faculdade de Direito da USP, com a presença de reitores, ex-ministros, líderes de movimentos sindicais e sociais e representantes de organizações da sociedade civil. Em minha fala, sublinhei a importância da democracia e da resistência aos ataques recentes e do repúdio a toda forma de autoritarismo. O ato era uma demonstração do compromisso da sociedade brasileira com a democracia e para a defesa do Estado de direito.

Ainda em 2022, fizemos uma grande festa de celebração dos quinze anos da Fundação Tide Setubal — na verdade, seria em 2021, mas por conta da pandemia deixamos a comemoração para o ano seguinte. A cantora carioca Teresa Cristina se apresentou com um grupo só de mulheres pretas cantando samba. Foi maravilhoso ver a alegria e a energia incríveis naquela festa, com nossa sólida e linda diversidade refletida em nossos parceiros. O mote da festa foi: "Juntos por um sonho coletivo: a história é de cada um, o movimento é do todo".

NAQUELE ano tenso de 2022, fiquei bastante envolvida com o processo eleitoral, mas sempre longe dos holofotes. Apoiei a candidatura vitoriosa de Marina Silva a deputada federal por São Paulo, além de diversas candidaturas jovens, em especial de mulheres negras, em diferentes regiões do país. Assisti à apuração dos votos do primeiro turno na seção paulista da Ordem dos Advogados do Brasil (OAB), entre juristas que estavam a postos para fazer qualquer intervenção que fosse necessária. No fim do dia, passei pela sala onde Marina estava reunida com seu grupo para dar um beijo na nova deputada federal por São Paulo, eleita pela Rede Sustentabilidade com 237.526 votos.

Quando Lula foi para o segundo turno, sabíamos que a eleição seria dificílima. Por isso tomei a decisão de apoiá-lo publicamente. Não podia me calar em um momento tão decisivo para o país, e não me conformava com a ideia de ver Bolsonaro reeleito, corroendo a democracia por dentro, empurrando o país para os valores mais conservadores, racistas e preconceituosos, desprezando a educação, a saúde e os direitos humanos. Lembrei do discurso que minha mãe fez quando meu pai tomou posse na prefeitura de São Paulo. Citando *O Leopardo*, de Lampedusa, ela disse: "Não tenho o direito de ser neutra, de ser indiferente".

Participei de vários eventos pela candidatura Lula e gravei depoimentos para manifestar meu apoio. Pude lembrar do quanto gosto da política e da adrenalina desses momentos decisivos. Voltamos a nos reunir na OAB na apuração do resultado do segundo turno. Depois me encontrei com Marina e amigos da Rede Sustentabilidade, e sofremos juntas até o grito final de vitória. Ufa!

Fiz parte do governo de transição, na área da educação. Foi uma experiência interessante. Eram muitas organizações em volta da mesa, todas ávidas para se fazer ouvir, para contribuir com ideias e projetos.

Naquele grande grupo, me senti representada nas falas de várias organizações. Foi revigorante voltar ao debate educacional brasileiro depois de quatro anos em que as políticas públicas para o setor haviam sido negligenciadas.

## *O Brasil voltou*

A linda festa da posse de Lula, em 1º de janeiro de 2023, com a diversidade do povo brasileiro representada na cerimônia de subida da rampa do Palácio do Planalto, ficará gravada em nossa memória e nosso coração. À noite, participei da festa no Itamaraty, onde encontrei diversos amigos numa energia de entusiasmo e esperança contagiantes.

O ano de 2023 foi de novos tempos em todas áreas, com os novos ministérios e as políticas públicas sendo retomadas e amplamente debatidas pela sociedade. Coordenadores da Fundação Tide Setubal se envolveram em várias pautas dos novos ministérios, especialmente Pedro Marin, na discussão do orçamento com recorte em raça e gênero, e Mariana Almeida no Ministério das Cidades, onde nossa experiência com o Jardim Lapenna foi valiosa nos debates do programa e dos editais da Secretaria Nacional de Periferias.

Sinto-me muito honrada em fazer parte do Conselho de Desenvolvimento Econômico Social Sustentável da Presidência da República, o Conselhão, que teve duas reuniões gerais naquele primeiro ano de governo Lula 3. O Conselhão está organizado em cinco Comissões Temáticas (CTs) e dezesseis Grupos de Trabalho (GTs). Passei a fazer parte de duas CTs, a de Combate às Desigualdades e a de Assuntos Econômicos, e também do GT de Primeira Infância. Fui convidada ainda para participar do Comitê Gestor do Conselhão, que se reúne mensalmente.

Passei a dedicar muito do meu tempo ao Pacto Nacional pelo Combate às Desigualdades, que congrega diversas organizações sociais, centrais sindicais, uma frente parlamentar mista, associações e frentes de prefeitos com objetivo de colocar a pauta das desigualdades sociais no centro das políticas públicas. Lançada em agosto de 2023, a iniciativa é liderada por Oded Grajew, e nela tenho contado com apoio de Marília Assis, coordenadora na Fundação Tide Setubal.

A equipe da Fundação Tide Setubal terminou 2023 muito feliz com os resultados alcançados e com esperança de que as políticas públicas em nível nacional possam deslanchar mais em 2024 e de que, no nível local, as obras de infraestrutura no Jardim Lapenna se consolidem de modo que possamos ter o Lapenna sem as enchentes que atravessam o bairro; assim como a nova UBS e o projeto Caminhabilidade em fase de finalização, dando ao bairro uma nova configuração.

# *Finalizando*

> Abraçar uma ética amorosa significa utilizar todas as dimensões do amor — cuidado, compromisso, confiança, responsabilidade, respeito e conhecimento — em nosso cotidiano.
>
> bell hooks

Quando pensei em fazer um livro sobre minha trajetória profissional, não tinha certeza se eu o escreveria de próprio punho ou gravaria entrevistas para que um jornalista escrevesse. A escolha por enfrentar o desafio de escrever me possibilitou fazer reflexões e conexões que não havia pensado ao longo de todo o meu percurso. Algumas pessoas ou acontecimentos ganharam mais luz na minha vida, momentos históricos se revelaram com maior ou menor importância por trás dos programas sociais ou educacionais, e por fim descobri como o afeto e as relações afetivas permearam todas as escolhas e encruzilhadas da minha vida.

Já escrevi outros livros, sempre com temática relativa a educação, cultura ou meio ambiente. Este é um livro na primeira pessoa, em que me apresento de forma subjetiva e mais coloquial. Não sou uma escritora de ofício, mas entendi, ao finalizar a escrita deste livro, por que pessoas como Clarice Lispector, e muitas outras, afirmam que não conseguiriam viver sem escrever: para elas, a escrita é uma forma de transbordar o mundo.

Volto ao início do livro me sentindo privilegiada por ter tido possibilidade de fazer tantas escolhas. Tive experiências muito ricas e diversas, e espero ter conseguido responder aos vários questionamentos que me fizeram e que me fiz ao longo da vida. Minha amiga Marina Silva me disse, ao ler um trecho dos originais, que meu pai me deixou os legados da política e da riqueza, e que com eles eu consegui fazer a diferença na educação e no social. Acrescento que de minha mãe recebi o conteúdo desse social, sob a forma do afeto e do amor.

Tenho a honra de participar como pessoa física de vários conselhos institucionais, governamentais e empresariais, bem como das fundações de que faço parte e que já mencionei ao longo do livro. Entre eles, estão os conselhos da Fundação Padre Anchieta/Rádio e TV Cultura, do Cenpec, da USP, do Brazil Institute, da Fundação José Luiz Egydio Setubal, do Instituto Unibanco, do Unicef, do Pacto de Promoção da Equidade Racial, do Instituto Identidades do Brasil (ID_BR), da associação LiveLab. Como conselheira busco ter um olhar para a orientação estratégica das organizações, alinhando missão e objetivos. Daí se desdobram os debates das principais iniciativas, decisões e perspectivas. Também considero muito importante o papel da *advocacy* (incidência política) e as pontes que posso fazer entre diversas organizações e pessoas, consolidando os networkings, assim como o acompanhamento das avaliações, dos orçamentos e das condutas éticas. A participação em diferentes conselhos me permite uma visão alargada do mundo social e acadêmico que é muito rica. Nesse momento da vida, eu me realizo em poder emprestar minha experiência e conhecimento para outras organizações.

Pelo meu jeito de ser e de estar no mundo, continuarei atenta e participativa ao que acontece no país e no mundo, sabendo ao mesmo tempo que é hora de passar para os mais jovens diversos espaços de atuação.

Sei que participei direta ou indiretamente de instituições, movimentos, coletivos e redes que defenderam causas, fizeram a diferença para milhões de pessoas, influenciaram políticas públicas e salvaram vidas. Tudo isso me realizou como pessoa e constituiu meu lugar na sociedade.

No entanto, meu maior legado são meus três filhos, Guilherme, Tide e Fernando. Como dizia minha mãe, os filhos são nossa obra-prima. Tenho muito orgulho de quem eles são e do caminho que cada um escolheu. Com eles, sei que essa história vai continuar. Cada um em sua respectiva trilha pessoal e profissional, eles têm consciência social, responsabilidade e compromisso com a construção de um país ético, justo e sustentável. Junto com eles, agradeço a minhas noras, Paulinha e Carol, e a meu genro Oswaldo, que me deram meus netos Alice, Marco, Lucas, Gabriel, Antonio, Vicente e Maria Cecilia, e a alegria de sentir a transição intergeracional.

# *Agradecimentos*

Ao finalizar este livro, me dou conta de dois movimentos aparentemente contraditórios. Por um lado, uma jornada percorrida de forma solitária, como única mulher em meio a tantos irmãos, na busca por um caminho fora do negócio familiar. Por outro, uma trilha onde encontrei muitas pessoas que me deram a mão, me ensinaram e abriram caminhos, tornando-se minhas amigas e meus amigos, muitos deles até os dias de hoje. Daí a minha enorme gratidão a todas as pessoas que me fizeram um ser humano melhor e mais generoso.

De forma especial, faço um agradecimento a todas as equipes que passaram pelo Cenpec, minha casa por mais de trinta anos. Foi lá que me formei e me tornei uma pessoa pública.

Em nome da diretora executiva Mariana Almeida, que, com seu engajamento e competência levou a Fundação Tide Setubal a um patamar de destaque nas políticas públicas do setor, de Mirene Rodrigues São José, gerente de desenvolvimento organizacional, com quem conto desde o início dessa jornada, e de Fernanda Nobre, a guardiã de nossas causas, agradeço a cada pessoa que hoje faz ou que já fez parte da equipe da Fundação Tide Setubal, assim como a todos os nossos parceiros. Agradeço imensamente também aos nossos conselheiros.

Agradeço a Teté Martinho pela leitura atenta e pelas contribuições fundamentais que melhoraram bastante este texto.

Gostaria de fazer aqui uma menção especial a Paulo Werneck, meu editor, a quem aprendi a admirar no início de seu projeto com a revista *Quatro Cinco Um*. Sabendo de sua editora Tinta-da-China Brasil, fui procurá-lo para contar do meu projeto da escrita deste livro. Paulo foi meu incentivador desde o início, e tive o privilégio de contar com sua leitura e discussão, capítulo a capítulo. Para mim, esse apoio foi fundamental.

Agradeço à minha família estendida pelo respeito que sempre tiveram pela minha trajetória e pelos meus posicionamentos públicos.

Finalmente, reforço mais uma vez a alegria do meu núcleo de filhos e netos, mas não posso deixar de agradecer especialmente à minha filha Tide pela leitura atenta da versão inicial deste livro e, principalmente, por estar comigo na Fundação Tide Setubal de forma engajada e compromissada.

## *Crédito das imagens*

p. 22: *Casal Olavo e Tide Setubal*, acervo Neca Setubal
p. 103: *Mapa Jd. Lapenna*, Giovanna Farah
p. 106: *Equipe Fundação Tide Setubal*, José Cícero Di Campana, acervo Foto Coletivo
p. 138: *Marina Silva e Neca Setubal*, Pedro Ladeira, acervo Folhapress

## Sobre a autora

Maria Alice Setubal (São Paulo, 1951) é presidente do conselho curador da Fundação Tide Setubal. Tem mestrado em ciência política pela Universidade de São Paulo (USP) e doutorado em psicologia da educação pela Pontifícia Universidade Católica de São Paulo (PUC-SP).

É autora de *Construindo a leitura e a escrita: reflexão sobre uma prática alternativa em alfabetização* (Ática, 1988), *Memórias e brincadeiras: na cidade de São Paulo nas primeiras décadas do século XX*, com Maria Alice Lima Garcia e Sonia Miguel C. Ferrari (Cenpec, 1989), *Educação e sustentabilidade: Princípios e valores para a formação de educadores* (Peirópolis, 2015) e *Vivências caipiras: pluralidade cultural e diferentes temporalidades e transversalidades* (Cenpec/Imesp - Imprensa Oficial do Estado de São Paulo, 2015). Sob sua coordenação, a coleção Terra Paulista, co-editada com a Imesp, recebeu o Prêmio Jabuti 2005 na categoria Projeto e Produção Editorial.

Fundou em 1987 o Centro de Estudos e Pesquisa em Educação, Cultura e Ação Comunitária (Cenpec) e em 2005-6 a Fundação Tide Setubal. Atuou como coordenadora de Educação para a América Latina e Caribe no escritório do Unicef em Bogotá (1997-98). Foi presidente do conselho de governança do Gife – Grupo de Fundações, Institutos e Empresas (2021-23).

Integra os conselhos curadores da Fundação Padre Anchieta e da Fundação Itaú, o conselho de administração do Centro de Estudos e Pesquisas em Educação, Cultura e Ação Comunitária (Cenpec Educação) e o conselho consultivo da Universidade de São Paulo (USP). É conselheira do Instituto Itaúsa, do Unicef, da Fundação José Luiz Egydio Setubal, do Museu da Favela, do IDBR - Instituto Identidades Brasil, do LiveLab, do Pacto de Promoção da Equidade Racial e do Brazil Institute.

© Neca Setubal, 2024

Esta edição segue o Novo Acordo Ortográfico da Língua Portuguesa

1ª edição: jun. 2024, 3 mil exemplares

EDIÇÃO  Tinta-da-China Brasil
PREPARAÇÃO  Cristina Yamazaki
REVISÃO  Henrique Torres • Luiza Gomyde
CHECAGEM  Érico Melo
PROJETO GRÁFICO  Isadora Bertholdo
CAPA  Tinta-da-China Brasil
FOTO DE CAPA  Bob Wolfenson

TINTA-DA-CHINA BRASIL
DIREÇÃO GERAL  Paulo Werneck
DIREÇÃO EXECUTIVA  Mariana Shiraiwa
DIREÇÃO DE MARKETING E NEGÓCIOS  Cléia Magalhães
COORDENADORA DE ARTE  Isadora Bertholdo
DESIGN  Giovanna Farah • Beatriz F. Mello (assistente)
　　　　Ana Clara Alcoforado (estagiária)
ASSISTENTE EDITORIAL  Sophia Ferreira
COMERCIAL  Lais Silvestre • Leandro Valente
COMUNICAÇÃO  Julia Galvão • Yolanda Frutuoso
　　　　Livia Magalhães (estagiária)
ATENDIMENTO  Joyce Bezerra

Todos os direitos desta edição reservados à Tinta-da-China Brasil/ Associação Quatro Cinco Um

Largo do Arouche, 161, SL2 República • São Paulo • SP • Brasil
editora@tintadachina.com.br
tintadachina.com.br

DADOS INTERNACIONAIS DE CATALOGAÇÃO NA PUBLICAÇÃO
(CIP) DE ACORDO COM ISBD

S495m    Setubal, Neca
        Minha escolha pela ação social: sobre legados, territórios e democracia / Neca Setubal. - São Paulo : Tinta-da-China Brasil, 2024.
        184 p. : il. ; 14cm x 21cm.

        ISBN 978-65-84835-24-5

        1. Biografia. I. Titulo.

                                            CDD 920
        2024-1388                           CDU 929

Elaborado por Odilio Hilario Moreira Junior - CRB-8/9949

ÍNDICES PARA CATÁLOGO SISTEMÁTICO
1. Biografia 920
2. Biografia 929

*Minha escolha pela ação social* foi
composto em Adobe Caslon Pro,
impresso em papel pólen bold 70g,
na Ipsis, em maio de 2024